Best Ever
WORDSEARCH
TEASERS

igloobooks

igloobooks

Published in 2017
by Igloo Books Ltd
Cottage Farm
Sywell
NN6 0BJ
www.igloobooks.com

Cover designed by Nicholas Gage
Edited by Caroline Icke

VIV001 0117
4 6 8 10 9 7 5 3
ISBN 978-1-78557-007-0

Puzzle compilation, typesetting and design by:
Clarity Media Ltd, http://www.clarity-media.co.uk

Printed and manufactured in Malaysia

Contents

No. 1 'A' Railway Station

G	G	C	A	R	E	V	O	D	N	A	O	L	L	A
N	Y	Y	E	L	S	P	A	I	N	T	R	E	E	I
A	U	A	B	E	R	D	E	E	N	T	D	W	A	I
Z	L	Y	I	A	A	M	B	E	R	L	E	Y	U	R
X	R	L	X	Y	D	N	A	L	S	E	I	N	N	A
U	N	E	H	L	R	O	N	E	Z	B	E	O	R	B
E	R	S	T	E	I	T	N	R	H	O	A	B	A	E
Y	I	F	U	S	L	G	A	J	K	R	R	B	K	R
L	S	O	O	B	N	N	N	A	T	O	U	W	U	C
L	N	R	M	U	O	I	O	A	A	U	N	C	W	Y
T	C	D	N	R	T	R	M	T	S	G	D	S	U	N
U	U	R	O	Y	L	C	H	X	S	H	E	Y	X	O
T	R	G	V	A	A	C	R	P	A	A	L	O	P	N
U	D	J	A	T	O	A	S	H	V	A	L	E	U	U
O	B	E	W	T	Y	G	A	D	L	T	Q	V	Y	J

ABERCYNON	ANDOVER	ASHLEY
ABERDEEN	ANNAN	ASTON
ACCRINGTON	ANNIESLAND	ATTLEBOROUGH
AINTREE	APSLEY	AVONMOUTH
ALLOA	ARBROATH	AXMINSTER
ALTON	ARUNDEL	AYLESBURY
AMBERLEY	ASH VALE	AYLESFORD

No. 2 William Shakespeare

```
W  N  T  I  E  K  I  L  U  O  Y  S  A  C  Y
R  B  V  T  C  O  R  I  O  L  A  N  U  S  T
P  L  A  Y  W  R  I  G  H  T  W  A  E  U  E
L  T  N  R  R  H  T  E  B  C  A  M  T  O  L
B  R  O  E  D  N  P  I  D  A  H  D  H  T  M
R  R  V  T  M  O  E  O  A  H  T  S  E  T  A
P  S  R  R  H  S  F  H  E  H  A  K  T  S  H
E  S  E  I  D  E  G  A  R  T  H  I  E  I  I
L  E  T  C  V  Q  L  N  V  T  E  N  M  T  S
F  I  R  S  T  F  O  L  I  O  N  G  P  A  T
D  D  U  R  G  X  T  A  O  K  N  L  E  M  O
A  E  A  J  U  L  I  U  S  C  A  E  S  A  R
V  M  F  I  P  N  R  N  X  S  D  A  T  R  I
S  O  N  N  E  T  S  R  D  E  T  R  J  D  E
W  C  T  F  A  I  T  E  P  P  P  L  A  Y  S
```

ANNE HATHAWAY	HAMLET	OTHELLO
AS YOU LIKE IT	HENRY V	PLAYS
BARD OF AVON	HISTORIES	PLAYWRIGHT
COMEDIES	JULIUS CAESAR	POET
CORIOLANUS	KING LEAR	SONNETS
DRAMATIST	KING'S MEN	THE TEMPEST
FIRST FOLIO	MACBETH	TRAGEDIES

No. 3 Islands Of The British Isles

T	O	I	A	E	C	A	R	T	T	I	E	O	F	H
L	J	U	R	A	A	R	R	A	N	Y	Z	M	P	E
W	T	H	O	R	N	E	Y	S	E	A	U	A	X	T
Z	T	U	L	B	V	M	B	S	P	C	N	E	K	R
J	R	Y	U	M	E	Y	R	S	K	G	G	S	T	Z
B	T	V	N	U	Y	E	P	L	L	Y	J	T	Y	I
T	L	L	D	C	J	N	E	E	Y	W	E	R	R	U
I	W	F	Y	T	O	R	S	V	F	S	A	O	L	C
Z	H	X	A	A	O	E	Y	O	T	F	Y	P	Y	K
N	A	A	P	E	Y	D	U	U	N	A	L	Y	Y	F
C	L	I	L	R	K	L	I	S	M	O	R	E	I	Q
A	S	Q	A	G	N	A	E	S	R	E	M	N	W	L
B	A	M	C	E	K	B	V	A	E	U	V	L	M	R
T	Y	E	S	D	R	A	B	L	L	Y	A	A	M	A
C	D	S	P	A	I	T	R	L	U	Z	J	W	Q	K

ALDERNEY	JERSEY	PORTSEA
ANGLESEY	JURA	SCALPAY
ARRAN	LISMORE	SKYE
BARDSEY	LUNDY	THORNEY
CANVEY	MERSEA	ULVA
FOULNESS	MUCKLE ROE	WALNEY
GREAT CUMBRAE	MULL	WHALSAY

No. 4 Mr. Men Characters

```
T L G E O J G L M N L T K T H
B T A S P F N I C V F Q U E I
M O U Z U P O O X N I U S I G
E Y U S Y E R S O E F R M R T
R F S N W R T N B O E S J L N
K Y N U C F S R R S I L Z U U
R U E U B E W G E M H C T O K
F E E S N C E W T Z C W A N P
S O Z S O T R E T B S M B R K
P T E O F G L L A T I U J L O
X G L U F R E E H C M E P X U
T I L S L U I A C P O K E C N
A Z J Y S M U L C I M U I A V
V T L O Y P P A H S U R O M Q
T S N E P Y L L E J P L G F P
```

BOUNCE	FORGETFUL	MISCHIEF
BUMP	FUNNY	NONSENSE
BUSY	FUSSY	PERFECT
CHATTERBOX	GRUMPY	RUSH
CHEERFUL	HAPPY	SNEEZE
CLUMSY	JELLY	STRONG
COOL	LAZY	TALL

WORDSEARCH

No. 5 The Barcelona Metro

```
R F A S O R A T N A S S A B N
P Z V C B O N A U T E T U H T
A D W U E A I I H A B P H T O
N I P E L E C Q O A F T A S D
I A T C L E I N S B A D A L B
R G I I V C P M A E T X R E P
A O B L I C A T A L U N Y A S
M N Q O T O L R R R B O A G W
U A N U G Z I E M O A L Q S R
N L R L E A V R S E F G L T E
D U A R A T T B Q B L A A O R
E D T N S P E E O A U O C L C
T A R E R G A S L R N T K O L
C L O T O O I U R L J A M B R
V D H O R S G A A S G L I O T
```

BADAL	GORNAL	ROCAFORT
BELLVITGE	HORTA	ROQUETES
BOGATELL	LA PAU	SAGRERA
CATALUNYA	LICEU	SANT BOI
COLLBLANC	MARAGALL	SANTA ROSA
DIAGONAL	MARINA	TETUAN
EL CARMEL	MUNDET	VILAPICINA

No. 6 Enzymes

```
S  N  I  B  M  O  R  H  T  L  S  O  J  U  U
T  H  I  A  M  I  N  A  S  E  E  H  R  N  A
E  E  E  L  A  C  T  A  S  E  P  E  A  I  R
S  S  L  N  I  S  P  E  M  S  A  L  P  T  G
A  A  A  I  R  H  U  S  P  S  R  I  L  R  I
T  N  S  N  N  E  P  R  E  V  A  C  Y  I  N
A  I  T  D  E  U  Z  O  S  A  S  A  I  L  A
H  T  A  B  K  G  H  L  L  E  S  P  A  S
P  I  S  R  I  B  O  N  U  C  L  E  A  S  E
S  H  E  L  E  U  R  R  P  S  Y  E  R  E  S
O  C  R  E  S  N  R  T  T  E  R  C  V  P  A
H  H  B  Q  E  E  N  T  C  I  P  U  U  P  R
P  A  M  Y  L  A  S  E  P  Z  N  S  L  R  C
N  C  Z  R  U  Y  J  H  T  N  W  P  I  L  U
G  E  E  S  A  T  L  A  M  U  T  I  N  N  S
```

AMYLASE	MALTASE	RENNET
ARGINASE	NITRILASE	RIBONUCLEASE
CHITINASE	NITROGENASE	SEPARASE
CYCLOPHILIN	PARVULIN	SUCRASE
ELASTASE	PEPSIN	THIAMINASE
HELICASE	PHOSPHATASE	THROMBIN
LACTASE	PLASMEPSIN	UREASE

No. 7 Quick!

```
A T D R C W B U A Q V E T V S
L I Q R M R R R S D V Y V A U
T P M O R P I G N I H S A D A
F R E M U N S I T A P S Y E Z
I G K C E N K A E R B E P I Y
W G D V D D C D I P A R P R S
S E C H G H I G M N O P A R G
Z L J A H N H A T N Y X N U T
V B L S S T F I T X B E S H X
A M Q T L P U O O E Y U P A S
R I A Y Q T E E L F P T R Q N
V N E D D U S E U K V L Y I Z
T W S S O K Q A D M Y I O R G
F V B W L L T A F Y T C E P E
A G I L O S E H T T G I R A S
```

BREAKNECK	HURRIED	SNAPPY
BRISK	IMMEDIATE	SPEEDY
DASHING	INSTANT	SPRIGHTLY
EXPRESS	NIMBLE	SPRY
FAST	PROMPT	SUDDEN
FLEET	PRONTO	SWIFT
HASTY	RAPID	ZIPPY

No. 8 Irish Towns

```
Z S R F K T Q E H A U S M W E
F E Z I Q Z I L A P N N P L T
U N R T S T R A P Y W A D U U
K A E T T O N E T N O M R B W
Y L W V A O R N E N T Y R A M
D Y T T O C A N N A S D O L I
C R G C H A R I Y R T N U L I
F G O U A T B S R L A E N I E
U N R F Y H Y C K U O S D N K
Z C E E X L I O S M G G W O B
H S Y Z K O O R B Y N N O D Y
C A L L A N F T L N W I O E S
F N I R R E R H A P W R D X S
J B T N U O M Y E L L A V M O
B M A B S I U A R Z C H B F W
```

ANNACOTTY	ENNISCORTHY	RERRIN
ATHLONE	FOXFORD	RINGSEND
BALLINODE	GOATSTOWN	ROUNDWOOD
BAWNBOY	GOREY	RYLANE
CAHIR	MONTENOTTE	SKRYNE
CALLAN	MULRANNY	UPPERCHURCH
DONNYBROOK	NEALE	VALLEYMOUNT

11

WORDSEARCH

No. 9 Songs In Guitar Hero

```
X  I  D  O  O  L  F  S  A  X  E  T  U  T  A
E  T  D  S  I  H  T  F  O  L  L  A  X  B  F
J  N  S  N  R  N  A  E  O  H  X  U  E  D  A
R  V  I  U  U  C  F  U  S  T  E  H  L  H  T
A  T  F  E  D  O  G  E  G  I  I  Y  P  E  L
L  B  C  E  T  R  R  O  C  N  H  E  Y  Y  I
L  V  O  P  P  S  A  G  D  T  U  C  K  O  P
E  L  V  U  Z  T  N  T  R  Z  E  S  O  A  U
T  K  B  C  Y  I  H  E  S  E  I  D  N  C  T
S  T  A  R  N  E  V  E  K  Y  H  L  E  U  I
T  U  O  E  M  E  K  A  T  N  G  G  L  L  E
S  E  D  A  P  S  F  O  E  C  A  G  I  A  R
S  L  S  T  S  C  N  A  M  N  O  R  I  H  I
T  K  I  L  L  E  R  Q  U  E  E  N  F  Z  F
P  R  K  S  D  A  O  R  S  S  O  R  C  S  J
```

ACE OF SPADES	FIRE IT UP	KILLER QUEEN
ALL OF THIS	FRANKENSTEIN	STELLAR
BEHIND THE MASK	GODZILLA	TAKE IT OFF
COCHISE	HEY YOU	TAKE ME OUT
CROSSROADS	HIGHER GROUND	TEXAS FLOOD
EVEN RATS	INFECTED	UNSUNG
FAT LIP	IRON MAN	ZIGGY STARDUST

12

No. 10 Christmas Songs

```
P S W S I L V E R B E L L S X
J C E Y A D S R U O I V A S D
I A T H E F I R S T N O E L A
N L H P D L L I A A N H A L D
G Y R R I E E A M N O O Y A I
L P E E R T N S T N E L B H V
E S E T H I T E S E T Y A E A
B O K T G T N H I N E N B H N
E C I Y I S I C R B D I A T Z
L A N P E N G R H A U G T K I
L R G A L O H O C U A H N C L
S O S P S W T T T M G T A E E
B L U E C H R I S T M A S D F
G C H R I S T M A S T I M E Q
T Y E K N O D E L T T I L Q L
```

BLUE CHRISTMAS

CALYPSO CAROL

CHRISTMAS TIME

DECK THE HALLS

FELIZ NAVIDAD

GAUDETE

JINGLE BELLS

LAST CHRISTMAS

LET IT SNOW

LITTLE DONKEY

O HOLY NIGHT

O TANNENBAUM

PRETTY PAPER

SANTA BABY

SAVIOUR'S DAY

SILENT NIGHT

SILVER BELLS

SLEIGH RIDE

THE FIRST NOEL

TORCHES

WE THREE KINGS

WORDSEARCH

No. 11 Three E's, Please!

```
P  E  C  R  B  E  L  L  W  E  T  H  E  R  U
R  S  W  K  H  M  P  V  T  S  E  L  L  N  P
S  R  G  O  E  S  E  E  H  C  K  P  K  E  A
O  E  S  B  C  U  L  E  W  E  J  E  B  V  K
Q  V  A  A  N  P  S  B  N  E  L  T  E  E  B
D  E  T  N  E  V  E  R  P  T  R  H  X  L  S
E  R  J  M  S  I  G  T  N  G  E  X  T  E  D
T  P  A  Z  S  W  M  E  E  M  B  R  R  V  H
C  E  V  R  E  S  E  D  E  R  M  A  E  S  O
E  E  C  W  U  D  N  N  D  N  E  I  M  D  T
L  P  Y  L  L  L  T  E  H  W  C  V  E  O  O
F  E  B  E  T  W  E  E  N  E  E  Q  E  S  Y
E  D  L  M  J  P  D  O  U  T  D  Z  B  L  L
D  E  K  E  E  R  A  P  S  E  R  E  T  R  R
K  R  D  N  U  A  O  O  A  W  H  W  P  L  A
```

BEETLE	DEFLECTED	NEEDLE
BEJEWEL	DESERVE	PEEPED
BELLWETHER	ELEVEN	PREVENTED
BETWEEN	ENTERED	REEKED
CHEESE	ESSENCE	REVERSE
DECEMBER	EXTREME	SEGMENTED
DEEPEN	LEVERET	VEHEMENT

14

No. 12 Chemical Elements

```
M A W K L U T O J L U O Z C J
U R N A K M S A L B R X E U L
I G Q R R U U W Q A A Y M A G
N O C I L I S I N X N G Q Q Z
E N E P E N Q T N A I E S J T
H U H V I I I A V A U N L I A
R U L C I M A G T I M I I T S
R T L I O U V N E G O R D Y H
N E O N D L P M R U S O E P E
C C Y E I A O L B A M L N G L
R W A S N H R R I M O H I O I
O B Z R E M A N U P Q C M Z U
K R N A B R D S M X X U O S M
N X S O T O O I R U N O R O B
T Z P Z I I N D I U M J B T M
```

ALUMINIUM	CHLORINE	OXYGEN
ANTIMONY	GERMANIUM	RADON
ARGON	HELIUM	RHENIUM
ARSENIC	HYDROGEN	SILICON
BORON	INDIUM	SULPHUR
BROMINE	IODINE	TERBIUM
CARBON	NEON	URANIUM

15

No. 13 Counties In Kentucky

```
Z E B O U R B O N E R U J Q A
G A B D F U L T O N R N Z B X
N G H C T N C A S L E U K X S
Y C I H J E B N I D L O M G A
P A L R W U A M D F Y S H P C
P R N I T A L L A G T F A I P
S R U S S E L L M H A R D I N
S O E T T R A H Y N D S H R D
D L P I C U R Z D T E L E U R
Q L W A L A D E A F I R O Y S
G B H N O S R E F F E J R E Z
U R L T N S E T G E X P N A A
E Y A O O G B L E F L O W E B
O R S N I K P O H R O P N O F
I O B P T S U N C B E E I O R
```

ANDERSON   CHRISTIAN   JEFFERSON

BALLARD   FULTON   LESLIE

BARREN   GALLATIN   MADISON

BOONE   GRANT   OLDHAM

BOURBON   HARDIN   RUSSELL

CARROLL   HART   TRIGG

CARTER   HOPKINS   WOLFE

16

No. 14 Hit Video Games

```
G P W B F F E U M N A M C A P
C E O I N I N T E N D O G S I
A O T K R S A R G T S R W T Y
L T U D R P O L A H D T I R A
L W A N P A K Z M E I A I O L
O O T G T C P J A S O L F P P
F L F E F E B C N I R K I S I
D Y E A A I R V I M E O T I I
U E H R R N A S A S T M A I W
T M T S C V I N T I S B T W I
Y T D O E A N T M R A A C L S
R U N F N D A W P X I T R U W
K E A W I E G T N U H K C U D
S X R A M R E C S I R T E T J
V O G R E S I D E N T E V I L
```

ASTEROIDS	HALO	RESIDENT EVIL
BRAIN AGE	JURASSIC PARK	SPACE INVADERS
CALL OF DUTY	MEGAMANIA	TETRIS
COUNTER-STRIKE	MINECRAFT	THE SIMS
DUCK HUNT	MORTAL KOMBAT	WII FIT
GEARS OF WAR	NINTENDOGS	WII PLAY
GRAND THEFT AUTO	PAC-MAN	WII SPORTS

No. 15 South African Rugby Union Players

```
U H I Q A Y X R G J W H O T O
D P A A M M P O J R I A Z S U
H R I S H V X P I E N A A R X
I E R Z N O O S T H U I Z E N
I R N M E V U S R E I L L I C
A A U D S O C G N O R R S L I
H J P O R O V E A E J T K L P
T C Z I E I L L Z A R A T I A
O U A T T U C U P A R P X V P
B P Z N E E N K U O L D S E W
N E N M I S I S S E L P U D A
E T R Y P E S B R C R L J A T
I E U J E N R O M H A B A N A
V K T I O T U D T A I R S R X
Y I U A R X S O O N L T R W D
```

BOTHA	HABANA	PIENAAR
CARR	HENDRICKS	PIETERSEN
CILLIERS	HOUGAARD	POLLARD
COETZEE	LAMBIE	REINACH
DE VILLIERS	LE ROUX	STEYN
DU PLESSIS	MVOVO	STRAUSS
DU TOIT	OOSTHUIZEN	VERMEULEN

18

No. 16 Seen In The Sky

```
E  B  E  E  T  O  U  D  O  C  L  L  X  L  G
N  P  R  K  D  O  U  B  J  S  K  L  R  E  X
O  P  A  R  A  C  H  U  T  E  A  L  F  K  U
O  B  T  J  P  L  A  N  E  T  S  B  T  C  B
L  I  S  E  A  Z  F  K  S  Z  P  U  K  P  M
L  R  A  I  N  B  O  W  I  V  A  T  R  O  A
A  D  E  J  O  P  E  T  O  T  C  T  O  B  R
B  L  A  E  R  O  P  L  A  N  E  E  W  W  P
R  D  E  T  I  L  L  E  T  A  S  R  E  S  S
I  Z  U  W  U  I  A  N  E  J  T  F  R  Y  R
A  U  R  O  R  A  B  O  R  E  A  L  I  S  S
T  H  M  A  L  H  Q  R  M  S  T  Y  F  U  R
O  F  U  S  P  C  O  I  M  O  I  X  S  N  S
H  E  L  I  C  O  P  T  E  R  O  I  R  D  U
L  C  B  H  V  R  T  R  B  S  N  N  U  L  L
```

AEROPLANE	HAIL	RAINBOW
AURORA BOREALIS	HELICOPTER	SATELLITE
BEE	HOT-AIR BALLOON	SNOWFLAKE
BIRD	KITE	SPACE STATION
BUTTERFLY	MOON	STAR
CLOUD	PARACHUTE	SUN
FIREWORK	PLANET	UFO

No. 17 British Scientists

```
X W E W U J T R B T F J O J P
R A K C I R C U E A E A O N C
M H B V I N S G R N C Y R A I
Q L F A E D T A N I M O D A M
A A T E L J D E E I N T N F N
E O H A X A R E R S K G D P H
I O O F Y R P O S P S W U R A
R T M A X W E L L D I R A C B
S B S I H A L L E Y G E U H G
O E O X S O D N E S N W O T U
B T N G N O T W E N I W R A D
E M C E N O T L A D L T R A A
W J M P E T W I C U S R V A I
H U R L E Y O J A P O Y Y G I
E F O B N S R K I S G G I H E
```

BACON	FARADAY	MAXWELL
BERNERS-LEE	GOSLING	NEWTON
CRICK	HALLEY	SELWYN
DALTON	HAWKING	THOMSON
DARWIN	HIGGS	TOWNSEND
DAVY	HURLEY	TURING
DIRAC	JENNER	WINTER

20

No. 18 Tunnels In The UK

```
D T G J S T T Q R C S A B R N
L B Z L E C A D H P T V E O O
A U L C U L A D R O F T R A D
Q T A N I I D E A O L L S S D
R T P B O F S D L A F F Y A A
S E A H R T M E R E K S U L H
B R L W B O N D V O N A N T V
R L X U O N W A I E F N R A G
A E R R H D F N M A R L A S W
M Y V L P O Z X Q K S N I H M
H E D O O W R O N U C M Q M C
O L V L S N K R T J E U M O K
P S Y O O L N T T S P E D G C
E I Y E L T O T W O L D N I H
M D M Y M N R B F F Z I A O X
```

BOLSOVER	DISLEY	PRESTBURY
BRAMHOPE	DUCKMANTON	SALTASH
BROWNQUEEN	HADDON	SEVERN
BUTTERLEY	HINDLOW	SUTTON
CHANNEL	LAPAL	TOADMOOR
CLIFTON DOWN	MILFORD	TOTLEY
DARTFORD	NORWOOD	WANSFORD

21

No. 19 Types Of Apple

```
L  G  G  G  R  E  I  U  T  X  M  B  Q  R  T
F  T  Y  U  O  K  W  V  K  D  R  L  O  B  O
L  L  E  P  L  E  H  W  X  O  F  N  B  E  T
U  I  Y  S  S  H  O  R  R  E  N  A  K  A  Z
E  H  B  S  S  N  O  S  L  A  R  A  H  C  H
B  R  A  E  B  U  R  N  G  Q  T  J  R  O  U
R  K  U  S  R  B  R  E  M  A  C  O  U  N  L
A  N  A  C  Q  T  V  C  H  P  L  N  G  I  I
M  I  O  E  I  R  Y  I  O  T  M  A  A  B  G
L  W  T  S  R  P  L  L  E  I  R  G  O  R  R
E  D  S  E  Q  T  E  A  M  B  R  O  S  I  A
Y  L  Q  W  D  A  S  Y  A  Y  R  L  N  N  M
C  A  T  S  H  E  A  D  C  W  P  D  V  A  E
L  B  N  R  H  H  R  A  E  L  W  U  R  T  O
S  X  R  U  F  W  T  L  S  R  Y  V  M  R  B
```

AKANE	CAMEO	LADY ALICE
AMBROSIA	CATSHEAD	LIBERTY
BALDWIN	EPICURE	MACOUN
BEACON	FOXWHELP	MARGIL
BRAEBURN	GALA	NORTHERN SPY
BRAMLEY	HARALSON	REDSTREAK
BRINA	JONAGOLD	RUSSET

No. 20 Broadway Theatres

```
T N L R E P O O F I R B A F B
N N E D R A G R E T N I W V M
C O E D J O C I T S E J A M N
T M L W E T D M A R Q U I S I
L I E T A R T A M U G Z P B W
O S Q N R M L U S U T H R A H
R L R L A E S A S S E O L E S
Q I I N Y I B T N L A T U E R
S E T M C C W U E D E B O R E
B N T B P I E N H R E T M C G
A C O N L E H U K S D R Y A B
T X O S I A R E M A R A T G O
G A O R Y S R I R W Q E M N O
L N Y E T R E C A L A P U O T
O C S A L E B K G L D S R L H
```

AMBASSADOR	HELEN HAYES	NEDERLANDER
AUGUST WILSON	IMPERIAL	NEIL SIMON
BELASCO	LONGACRE	NEW AMSTERDAM
BOOTH	LYCEUM	PALACE
BROADHURST	MAJESTIC	SHUBERT
CORT	MARQUIS	WALTER KERR
GERSHWIN	MUSIC BOX	WINTER GARDEN

23

WORDSEARCH

No. 21 They've Won Oscars

```
P N J L R S K U S N A S V E O
P E R K G I S O I M P W S U I
H S C Q S T R A R O I X W H C
M A R K R E I V I L O U K D I
N K N E E T M T Y E N G A C M
M R E L G L I G U M J P L O E
V P R S O E L E K M P S B O M
T B O E R R U Y K O V G T P O
B R L B E M Y O D N A R B E T
A O A W N P E N N B A X S R I
D F G C N S E E L R I W W P I
V E N A Y R E E D A V I S M S
F O J T R A W E T S K N A H E
M L T I B T A E M S S K U T S
L A M I O I F D R S U S V R O
```

BOGART	HANKS	PENN
BRANDO	KELLY	POITIER
BRYNNER	LEMMON	ROGERS
CAGNEY	LOREN	STEWART
COOPER	MIRREN	STREEP
DAVIS	OLIVIER	SWANK
GABLE	PECK	TRACY

24

No. 22 Words Ending In 'P'

```
O F I U A B L R K S E O R D A
G I B S W E E P U R Y S P E D
J R O C K B U P E K P A C E R
E R T A C O S A V E I E H L K
U F S R L P C T K T H J E B I
Y J I P P O P M I R C S E Q A
V I E U O I R X H R O I P I N
N S N A T B U T T E R C U P E
V Z C I I R S Q T I C U R U W
S N W R A C U U E M I L P H C
O S T H O F A M B U M P O C D
K A C R F P O M P L U T H T V
S O U D B D A T P I A E S E S
H N P M I B X F L M H Q I K S
L Z F U O E V I L Q O S B S E
```

BEBOP	EQUIP	SHEEP
BISHOP	KETCHUP	SHIP
BUMP	MICROCHIP	STIRRUP
BUTTERCUP	POMP	SWEEP
CAMP	RECAP	SYRUP
CHEEP	SCARP	TRUMP
CROP	SCRIMP	USURP

No. 23 Patience Games

```
C Q D R E K L O N D I K E C Q
M D U Y W R H L U Z O D I A C
U O C M I E A F A A U Z P L E
I L H A R D A U F W E Q A C A
O A E B C I Y V Q O E L I U S
N T S L E P T S S S T N B L X
S D S A A S E P T E L H O A I
X R C C G E R U R L E A G T T
I S O K L L R N A I S N Y I S
D Q R W E T A E T P N E U O E
L P P I W T C V E E E H K N R
T T I D I I E E G V V T O F O
P O O O N L G S Y I E A N T X
I P N W G K R O L F L E N A W
W K O Z A F Q R O R E P M E F
```

ALTERNATION	ELEVENS	SEVEN UP
ATHENA	EMPEROR	STONEWALL
BLACK WIDOW	FIVE PILES	STRATEGY
CALCULATION	KLONDIKE	TABLEAU
DUCHESS	LITTLE SPIDER	TERRACE
EAGLE WING	ROYAL SQUARE	YUKON
EIGHT OFF	SCORPION	ZODIAC

No. 24 Visiting The Dentist

```
I  S  L  U  S  P  I  F  Y  L  R  B  Q  Y  A
A  A  U  Y  A  C  E  D  R  R  Y  P  A  E  R
T  O  P  L  A  Q  U  E  S  S  O  M  T  C  I
N  I  A  R  U  L  S  E  A  L  A  N  T  I  O
S  T  U  P  I  C  I  F  I  L  L  I  N  G  T
E  S  S  L  L  U  L  S  G  E  B  A  M  O  E
T  L  D  T  L  P  H  A  B  R  A  S  I  O  N
P  W  I  V  A  I  M  L  C  U  B  F  I  M  A
O  G  P  M  N  R  E  X  R  P  S  S  U  S  M
A  J  S  G  A  A  T  R  H  T  C  E  T  O  E
S  N  U  Q  C  A  P  A  T  I  E  N  T  Z  L
C  F  C  H  T  S  U  F  R  O  S  I  F  R  S
P  U  I  M  O  L  A  R  S  N  S  N  I  T  F
C  N  B  Q  O  X  L  Y  T  I  V  A  C  U  R
G  E  X  T  R  A  C  T  I  O  N  C  S  T  T
```

ABRASION	CAVITY	PALATE
ABSCESS	DECAY	PATIENT
AMALGAM	ENAMEL	PLAQUE
BICUSPIDS	ERUPTION	POLISHING
BLEACHING	EXTRACTION	ROOT CANAL
CALCULUS	FILLING	SEALANT
CANINES	MOLARS	TARTAR

No. 25 Get On With It!

```
S O N N L B R L N P G A O O N
F F O E K A T C A H G S S R T
T G E L A E K A H S Z T R A D
T V V M O A E X P E D I T E U
G N O L A R A E T P U N P L D
B E M A K E H A S T E O X B H
I M A K E I T S N A P P Y M A
G E T C R A C K I N G E N A B
A R E B B U R N R U B T F R K
L O G L D E U R T R U S H C B
A C S I T Z C T G N I R P S M
A K S H T R Q A O W N V N C A
O E X Y B H U R R Y I S F O E
E T O C E Z L H S T I F E O P
Q C U L A B O Y K T O S A T U
```

BURN RUBBER	MAKE HASTE	SCUD
DART	MAKE IT SNAPPY	SHAKE A LEG
EXPEDITE	RACE	SPRING
GET A MOVE ON	ROCKET	STEP ON IT
GET CRACKING	RUSH	TAKE OFF
HURRY	SCOOT	TEAR ALONG
HURTLE	SCRAMBLE	ZIP

28

No. 26 On Twitter

```
G N I K C O L B C T D Z D J T
N O I T C E L L O C P B N C S
R I M S F A V O U R I T E L S
R T E E W T D E T O M O R P L
D A S A S T A I G L I S T S L
F C F R G S R R S H I U U I I
D O O C E U A H B C E U M T G
J L L H A P S G E S O T E O J
V O L L H Y L P E R P V T U U
N E O Y O A R E M A N R E S U
X G W B M W O L L O F N U R R
T E I N E I E L I F O R P O L
M E N T I O N R E T W E E T K
S P G E G A T H S A H D Z S P
S U H C O S A C S S O I R G S
```

BIOGRAPHY	GEOLOCATION	PROMOTED TWEET
BLOCKING	HASHTAG	REPLY
COLLECTION	HOME	RETWEET
DISCOVER	LISTS	SEARCH
FAVOURITE	MENTION	TREND
FOLLOWERS	MESSAGE	UNFOLLOW
FOLLOWING	PROFILE	USERNAME

No. 27 Hairstyles

P	Y	G	A	L	Q	X	P	Y	B	R	A	I	D	S
L	J	Z	K	B	F	E	A	D	F	R	I	N	G	E
F	S	N	B	F	R	H	P	R	P	L	A	I	T	H
B	J	C	O	M	B	O	V	E	R	Q	Y	O	B	C
X	R	R	U	N	U	L	I	A	T	Y	N	O	P	N
Q	U	I	F	F	G	P	R	D	C	C	V	R	R	U
S	I	R	F	T	B	I	D	L	R	O	C	I	N	B
A	K	W	A	H	O	M	H	O	E	L	R	D	G	E
T	K	F	N	D	B	Y	P	C	W	A	W	Q	B	E
R	R	T	T	T	Z	T	C	K	C	F	L	D	V	H
P	U	A	L	C	T	O	N	S	U	R	E	Q	A	I
A	I	S	O	M	U	L	L	E	T	O	H	J	B	V
A	W	S	Y	R	E	R	T	I	U	Y	N	O	Z	E
V	Y	W	R	U	U	R	L	O	G	R	P	J	L	D
A	U	W	K	I	T	S	V	S	V	V	I	W	M	R

AFRO	COMB-OVER	MULLET
BEEHIVE	CREW CUT	PERM
BOB	CURLS	PLAIT
BOUFFANT	DREADLOCKS	PONYTAIL
BRAIDS	ETON CROP	QUIFF
BUNCHES	FRINGE	TONSURE
CHIGNON	MOHAWK	UPDO

30

No. 28 Lots Of I's

```
U  J  C  I  V  I  L  I  T  Y  Z  G  Z  U  F
V  Z  G  R  U  K  F  F  L  A  K  R  D  M  W
I  L  S  G  N  I  D  I  V  I  D  Y  T  I  P
R  A  R  T  N  D  I  V  I  N  I  T  Y  I  Q
I  I  I  N  D  I  S  T  I  N  C  T  K  I  T
L  N  P  N  P  M  T  N  N  O  X  T  F  G  I
I  C  Y  L  T  I  C  I  L  P  M  I  Y  N  B
T  I  D  P  I  N  H  R  S  F  N  U  T  I  I
Y  T  I  M  R  I  F  N  I  I  P  T  I  T  H
U  I  P  O  L  S  J  L  S  T  V  T  N  I  N
T  N  I  I  T  H  L  H  N  B  I  K  I  N  I
N  G  S  R  I  I  I  A  A  A  U  C  C  G  K
T  M  N  W  C  N  Y  T  I  D  I  G  I  R  W
X  L  I  I  G  G  Q  H  M  A  Z  Y  V  S  R
Q  S  T  V  Z  T  W  I  T  T  I  C  I  S  M
```

BIKINI	IGNITING	INSIPID
CIVILITY	ILLICIT	NIHILISM
CRITICISM	IMPLICITLY	RIGIDITY
DIMINISHING	INCITING	VICINITY
DIVIDING	INDISTINCT	VIRILITY
DIVINITY	INFIRMITY	VISITING
FINISHING	INHIBIT	WITTICISM

WORDSEARCH

No. 29 Queen Songs

```
W O N E M P O T S T N O D C R
E U E F Y E L E T M E L I V E
W L E I G R F M L N S A R S T
I P U L O U A E O D C B E V A
L L Q D O S T H V I H H C Q L
L A R R D S H T E W E H A D S
R Y E A C E E S K A A A R A T
O T L H O R R H I N D G E N I
C H L A M P T S L T L A L C N
K E I S P R O A L I O G C E N
Y G K T A E S L S T N O Y R U
O A K I N D O F M A G I C P E
U M S I Y N N K A L U D I A N
J E A L O U S Y L L A A B Q D
K M Z T A C L O O C Q R B R O
```

A KIND OF MAGIC	GOOD COMPANY	KILLER QUEEN
BICYCLE RACE	HEADLONG	LET ME LIVE
COOL CAT	I WANT IT ALL	LOVE KILLS
DANCER	INNUENDO	PLAY THE GAME
DON'T STOP ME NOW	IT'S A HARD LIFE	RADIO GA GA
FATHER TO SON	IT'S LATE	UNDER PRESSURE
FLASH'S THEME	JEALOUSY	WE WILL ROCK YOU

No. 30 European Union Member States

```
S  E  L  A  R  S  R  O  S  F  W  R  R  H  S
L  G  Y  U  K  C  F  B  D  P  V  Z  Y  P  A
J  A  J  R  X  Z  U  I  T  A  L  Y  A  E  J
A  U  G  R  E  E  C  E  N  A  D  I  X  W  O
T  S  E  U  A  C  M  X  S  L  N  I  F  D  M
L  T  R  D  T  H  I  B  R  L  A  T  V  I  A
A  R  M  E  D  R  F  S  O  B  L  N  I  S  H
M  I  A  P  N  E  O  F  U  U  E  Z  D  U  C
U  A  N  P  A  P  N  P  Z  L  R  U  N  R  G
I  O  Y  I  L  U  E  M  I  G  I  G  O  P  A
G  T  T  A  O  B  C  T  A  A  A  A  X  Y  R
L  A  S  I  P  L  N  J  U  R  T  S  I  C  T
E  S  T  O  N  I  A  V  Y  I  K  A  L  R  F
B  M  K  R  U  C  R  E  A  A  U  Y  F  E  A
P  T  E  D  O  U  F  Y  E  U  Z  B  F  D  K
```

AUSTRIA	ESTONIA	ITALY
BELGIUM	FINLAND	LATVIA
BULGARIA	FRANCE	LUXEMBOURG
CROATIA	GERMANY	MALTA
CYPRUS	GREECE	POLAND
CZECH REPUBLIC	HUNGARY	PORTUGAL
DENMARK	IRELAND	SPAIN

No. 31 Great...

```
O D T C E G W D W I T P Q S U
A E X H I B I T I O N Z E T L
U P L A I N S T P P S O J R T
K R A H S E T I H W B D G L A
S E E N E R Y P G A R A V A F
E S S L A K E W R L I N S Z U
L S K J Z M D R A L T E Y I P
C I R C L E I Z N O A C D R N
N O R S I E V A D F I D M T O
U N E E R V I S P C N U S H C
I Z M R D A D A A H H H A S P
U U E U J S W S R I M Z S L O
A E R X E T P Q E N L E P R W
F A R J L M M O N A U N T F E
M W X R F P A T T R A C T O R
```

ATTRACTOR	DANE	POWER
AUK	DEPRESSION	PYRENEES
AUNT	DIVIDE	RED SPOT
BARRIER REEF	EXHIBITION	UNCLE
BASIN	GRANDPARENT	WALL OF CHINA
BRITAIN	LAKE	WAR
CIRCLE	PLAINS	WHITE SHARK

No. 32 Football Stadiums In England

```
E W O O D P A R K N V J D K F
A M H R I C O H A R E N A R E
D O K I W C A R R O W R O A D
N L R T T K R A P E D I R P I
U I A T H E V A L L E Y D S S
O N P Y O L H E Y K E T N E R
R E N A L L L A M A R B A M E
G U O K S E O S R I P P L A V
N X S C R E T D T T R B L J I
Y V I L L A P A R K L A E T R
E G D I R B D R O F M A T S L
L P O R T M A N R O A D N E P
O Y O L D T R A F F O R D E S
B H G U O R O B S L L I H L T
D L E I F N A Y E L B M E W O
```

ANFIELD	GOODISON PARK	RIVERSIDE
BOLEYN GROUND	HILLSBOROUGH	ST JAMES' PARK
BRAMALL LANE	MOLINEUX	STAMFORD BRIDGE
CARROW ROAD	OLD TRAFFORD	THE VALLEY
ELLAND ROAD	PORTMAN ROAD	VILLA PARK
EMIRATES	PRIDE PARK	WEMBLEY
EWOOD PARK	RICOH ARENA	WHITE HART LANE

No. 33 Fruits

```
P Q M J M E S N O X A P L K T
I A Z J A E R R K N D H I M L
O H L U V S L V F T O W V Z I
A Y R R E B N O G N I L K G U
S P O M E G R A N A T E I X R
P Q L O G A N B E R R Y T V T
L E B L A C K B E R R Y I A E
U C A V A U G A Q U I N C E X
M P E C C E I R S C B G Q P J
S S S Z H N S F R K I R E D A
J Y R R E B N A R C G A T A F
V R Y R R E B P S A R P K M F
E I Y R R E B E U L B E A S I
I L Z M Y Y R R E B E S O O G
U S P R U T Y R P S A R U N S
```

BLACKBERRY	GOOSEBERRY	OLIVE
BLACKCURRANT	GRAPES	PEACH
BLUEBERRY	GUAVA	PEAR
CHERRY	KIWI	PLUM
CRANBERRY	LINGONBERRY	POMEGRANATE
DAMSON	LOGANBERRY	QUINCE
FIGS	MELON	RASPBERRY

No. 34 Gymnastics

```
U P J P M A T E C H N I Q U E
G N I D N A L S A L D D P M L
D O E L L O R N O W X V D C E
T I P V F I D R T E L P F S E
S T S F E S T V P D B L L R H
U A S M T N S E Z A E X H A W
T N G A O G B T L X I B T E T
A I N C H U O A I E N R G M R
R D I Y A X N B R V P T N J A
A R R P G C I T T S A O E S C
P O M M E L H O R S E N R U T
P O R B I I B A G I L I T Y Q
A C E T L U A S R E M O S S X
C A Y Z X Y P X D O M N P J P
M V N S I E M K I A H J E U R
```

AGILITY	FLEXIBILITY	ROLL
APPARATUS	FLIP	ROPE
BALANCE BEAM	HANDSTAND	SOMERSAULT
CARTWHEEL	LANDING	STRENGTH
CONTROL	MAT	TECHNIQUE
COORDINATION	POMMEL HORSE	TURN
DISMOUNT	RINGS	UNEVEN BARS

37

No. 35 Let's Celebrate!

N	S	A	U	N	J	H	P	P	Y	Z	L	J	M	B
R	F	I	R	S	T	C	O	M	M	U	N	I	O	N
S	T	N	O	I	T	A	R	O	M	E	M	M	O	C
G	N	I	D	D	E	W	W	R	W	Y	O	D	T	L
S	N	B	N	E	U	M	A	Y	D	A	Y	S	E	A
D	G	I	D	Z	A	R	E	U	N	I	O	N	U	V
C	A	R	N	I	V	A	L	E	F	B	I	Z	Q	I
I	L	T	I	E	R	E	T	I	R	E	M	E	N	T
T	A	H	D	S	T	O	I	C	I	O	A	A	A	S
E	K	D	D	P	U	S	E	E	N	K	B	S	B	E
T	H	A	N	K	S	G	I	V	I	N	G	M	T	F
E	Y	Y	T	R	A	P	P	R	W	B	P	O	A	Z
F	Q	J	U	B	I	L	E	E	H	S	O	S	A	J
I	V	S	A	M	T	S	I	R	H	C	V	A	A	F
L	D	S	R	A	M	L	T	M	X	A	S	R	G	P

BANQUET	FESTIVAL	MAY DAY
BIRTHDAY	FETE	NEW YEAR'S DAY
CARNIVAL	FIRST COMMUNION	PARTY
CHRISTENING	GALA	RETIREMENT
CHRISTMAS	JAMBOREE	REUNION
COMMEMORATION	JUBILEE	THANKSGIVING
FEAST	KNEES-UP	WEDDING

No. 36 Action Films

```
D  S  L  N  W  W  T  H  O  U  P  S  M  K  G
U  W  W  W  S  Y  S  H  D  C  D  Q  I  L  D
D  P  O  C  O  B  O  R  Z  S  I  L  N  T  P
I  N  C  E  P  T  I  O  N  Z  L  P  O  A  U
B  R  E  G  R  A  P  T  S  B  U  R  R  K  U
T  O  M  V  U  V  E  Y  I  J  O  F  I  E  E
S  T  A  O  I  A  T  L  L  U  R  T  T  N  S
E  A  G  P  D  T  L  H  R  A  G  T  Y  O  I
I  I  Y  L  D  A  I  U  E  E  C  H  R  E  H
L  D  P  Y  O  R  R  G  T  M  P  O  E  Y  R
E  A  S  T  A  F  R  E  U  A  A  O  P  A  T
U  L  P  Q  E  O  O  P  P  F  R  T  O  A  T
R  G  R  I  N  D  H  O  U  S  E  H  R  L  X
T  H  G  I  N  K  K  R  A  D  E  H  T  I  R
V  Z  N  O  H  D  I  E  H  A  R  D  T  T  X
```

APOCALYPTO	HOT FUZZ	SERPICO
AVATAR	INCEPTION	SPY GAME
DESPERADO	KILL BILL	TAKEN
DIE HARD	LOOPER	THE DARK KNIGHT
GLADIATOR	MINORITY REPORT	THE FUGITIVE
GRINDHOUSE	ROBOCOP	THE MATRIX
HEAT	RONIN	TRUE LIES

No. 37 Scottish Gaelic Surnames

```
N  T  S  B  A  R  R  A  C  H  E  R  G  A  D
I  P  C  E  A  R  R  A  C  H  U  T  T  R  R
E  H  B  L  E  B  E  A  U  O  S  B  U  P  A
M  L  D  L  N  T  H  F  L  B  A  I  D  U  V
I  L  N  I  A  G  S  A  C  A  M  R  Z  V  Q
U  O  A  X  A  S  M  G  S  E  B  M  R  D  B
C  R  K  E  O  U  R  C  I  M  A  E  L  L  B
I  N  S  I  S  A  R  N  N  C  R  M  A  H  V
A  A  M  H  N  I  O  N  A  I  S  C  E  C  S
R  S  G  N  D  A  R  S  A  O  A  R  S  A  R
A  R  D  O  L  I  G  F  P  C  N  D  I  M  J
C  A  C  O  B  A  A  I  H  P  A  S  U  L  Q
H  D  I  L  I  H  F  N  A  C  A  M  R  O  B
P  N  Z  L  L  B  A  X  U  F  E  G  I  T  L
V  A  L  S  Z  S  P  L  O  D  R  A  O  B  V
```

AMBARSAN	DRUIMEIN	MAC AN RUAIDH
ANDARSAN	DUNAIDH	MACASGAILL
BARRACH	FRISEAL	MACASGAIN
BLACACH	GOBHA	RUISEAL
CEARRACH	GRANNDA	SEAGHACH
CIARACH	LOUDAIN	SMIOS
CUIMEIN	MAC AN FHILIDH	TOLMACH

40

No. 38 The Beautiful South Songs

```
Y  P  P  O  P  D  N  O  A  K  O  O  B  Y  M
J  W  S  O  S  H  I  A  A  H  A  E  Z  P  T
K  S  L  I  T  T  L  E  B  L  U  E  U  R  B
P  B  D  F  W  O  L  L  I  D  H  A  E  E  M
O  F  O  U  N  D  A  T  I  O  N  S  O  T  U
G  Z  G  E  T  C  T  H  C  N  N  T  W  T  D
G  T  E  B  K  L  I  E  E  T  A  H  S  I  N
S  T  N  P  E  T  P  S  J  M  M  E  Q  E  E
D  P  O  T  N  H  E  L  T  A  O  T  U  S  I
S  O  I  X  I  A  E  I  J  R  N  A  R  T  R
L  M  G  L  O  V  K  D  C  R  I  B  X  E  F
E  O  R  S  C  E  U  E  N  Y  M  L  R  Y  L
R  S  O  N  G  F  O  R  W  H  O  E  V  E  R
Q  K  L  W  I  U  Y  U  W  E  D  E  S  S  I
O  V  D  E  B  N  W  R  O  R  R  I  M  K  G
```

A LITTLE TIME	GIRLFRIEND	ONE GOD
ALONE	HAVE FUN	POPPY
BIG COIN	LIPS	PRETTIEST EYES
DOMINO MAN	LITTLE BLUE	SONG FOR WHOEVER
DON'T MARRY HER	MIRROR	THE SLIDE
DUMB	MY BOOK	THE TABLE
FOUNDATIONS	OH BLACKPOOL	YOU KEEP IT ALL IN

No. 39 Seaside Resorts

A	B	E	R	G	E	L	E	T	A	G	R	A	M	A
P	S	L	E	A	I	T	R	O	P	H	T	U	O	S
A	Y	H	T	U	O	M	E	N	R	U	O	B	D	F
D	R	A	U	G	H	S	I	F	E	V	U	O	B	Z
S	M	E	B	R	E	D	C	A	R	S	P	G	L	K
T	Y	S	D	N	A	L	S	I	Y	E	V	N	A	C
O	A	N	Q	U	Y	T	T	B	B	P	Y	O	C	U
W	U	R	T	S	B	W	U	F	N	R	E	R	K	X
S	Q	O	K	O	P	P	L	N	E	O	V	R	P	R
H	W	H	U	E	P	C	O	O	T	H	N	E	O	E
S	E	R	A	S	S	V	X	O	C	T	T	G	O	S
O	N	D	U	D	N	A	L	L	L	E	M	I	L	Y
E	N	O	T	S	E	K	L	O	F	E	L	S	N	A
E	F	E	B	M	O	C	A	R	F	L	I	W	D	J
R	Z	A	N	J	Z	B	E	P	T	C	S	M	M	U

ABERGELE	COLWYN BAY	MARGATE
BLACKPOOL	EASTBOURNE	NEWQUAY
BOGNOR REGIS	FISHGUARD	PADSTOW
BOURNEMOUTH	FOLKESTONE	POOLE
BUDE	HORNSEA	REDCAR
CANVEY ISLAND	ILFRACOMBE	SOUTHPORT
CLEETHORPES	LLANDUDNO	TENBY

No. 40 Harry Potter Actors

U	T	E	N	N	A	N	T	I	X	B	R	H	G	A
I	R	Z	F	Y	R	U	H	D	W	O	H	C	A	P
S	P	E	O	F	F	E	L	T	O	N	U	B	M	W
A	A	P	S	P	I	H	O	F	R	H	R	B	B	S
A	E	X	I	D	Z	L	Q	I	W	A	T	S	O	N
C	S	A	R	K	D	M	C	E	R	M	S	B	N	O
S	E	E	R	M	H	K	P	D	A	C	R	N	C	S
C	E	O	A	A	M	A	C	R	A	A	T	T	B	U
O	L	N	H	A	E	I	G	T	N	R	T	N	S	B
L	C	L	N	D	J	O	I	A	R	T	G	I	T	R
T	I	L	I	E	L	Y	G	R	K	E	U	R	U	Z
R	T	A	A	Y	I	H	D	X	W	R	I	G	H	T
A	S	P	E	C	L	F	S	S	C	O	E	U	O	Q
N	O	S	N	I	T	T	A	P	K	T	I	L	C	R
E	C	E	X	P	F	W	A	Z	E	H	Y	O	R	C

BONHAM CARTER	GAMBON	PATTINSON
BRANAGH	GRINT	RADCLIFFE
CHOWDHURY	HARRIS	RICKMAN
CLEESE	HURT	SPALL
COLTRANE	ISAACS	TENNANT
FELTON	MARGOLYES	WATSON
FIENNES	OLDMAN	WRIGHT

43

No. 41 Journalism

```
L A K O U N M W H R V F I T R
M L A P H I Q V T L C R R F R
T E R U T A E F U R I E E V E
R S N T L A I R O T R E V D A
T E A I W A T T Y N C L I L D
R G S C L M I I A E U A S A E
E A C T D D R N L M L N U I R
S P O M E A A T P N A C L R S
E T O Y A U O E L G T E C O H
A N P A D R L R H I I R X T I
R O S C L C H V B S O F E I P
C R T R I Y V I R S N E B D F
H F O T N R R E P A P S W E N
E C R K E M A W Y H D G O E Z
R A Y S X S B Y L I N E K T S
```

ADVERTORIAL	DEADLINE	INTERVIEW
ARTICLE	EDITORIAL	LAYOUT
ASSIGNMENT	EXCLUSIVE	NEWSPAPER
BROADCAST	FEATURE	READERSHIP
BYLINE	FREELANCER	RESEARCHER
CIRCULATION	FRONT PAGE	SCOOP
COPY EDITOR	HEADLINE	STORY

No. 42 UK Mountains

```
D  S  I  V  E  N  N  E  B  R  U  L  T  R  T
P  N  H  C  A  I  R  E  A  R  B  R  R  H  S
S  R  T  R  A  L  L  I  P  H  Y  W  W  C  E
O  P  P  O  S  I  L  I  E  F  C  A  A  A  T
A  S  P  S  A  T  R  L  A  A  S  F  F  I  C
L  N  X  S  A  O  V  N  D  Z  E  R  R  R  A
J  O  X  F  N  E  N  A  T  L  A  I  E  N  R
S  W  E  E  L  A  I  A  L  O  M  D  D  G  H
L  D  R  L  R  R  F  P  C  S  U  I  Y  O  T
U  O  Y  L  I  R  I  Y  O  H  Z  L  L  R  A
Q  N  P  D  U  K  I  J  N  U  B  E  G  M  C
C  A  R  N  E  D  D  L  L  E  W  E  L  Y  N
X  I  U  D  C  A  M  N  E  B  P  N  A  D  E
S  G  T  Q  E  L  B  A  G  T  A  E  R  G  L
W  A  D  D  I  K  S  R  E  W  A  L  N  E  B
```

AONACH BEAG	CAIRN GORM	HELVELLYN
BEN LAWERS	CAIRN TOUL	PEN Y FAN
BEN MACDUI	CARNEDD LLEWELYN	PILLAR
BEN NEVIS	CROSS FELL	SCAFELL PIKE
BLENCATHRA	ELIDIR FAWR	SKIDDAW
BRAERIACH	GLYDER FAWR	SNOWDON
CADAIR IDRIS	GREAT GABLE	TRYFAN

No. 43 A Look Of...

A	S	C	P	J	G	C	P	U	X	T	S	E	R	O
R	K	U	A	O	A	P	A	A	E	P	I	Q	W	W
U	P	Q	N	B	T	N	P	H	R	R	B	X	O	M
F	D	K	I	L	G	S	A	N	D	P	J	R	P	I
Q	F	E	C	E	C	F	R	I	W	O	R	R	O	S
F	E	A	R	O	V	O	T	J	Q	Y	D	I	P	E
B	Q	T	B	T	H	O	N	B	I	X	P	A	P	R
F	G	G	A	P	A	S	L	C	O	R	S	P	O	Y
S	U	R	U	T	P	H	I	I	E	R	S	S	K	D
F	I	Q	G	T	P	I	G	U	G	R	E	E	U	T
E	L	K	R	B	I	U	R	E	G	I	N	D	R	G
Y	T	E	I	X	N	A	J	E	E	N	D	V	O	M
A	T	S	E	R	E	T	N	I	E	U	A	A	S	M
E	A	Q	F	E	S	I	R	P	R	U	S	X	L	J
K	A	U	D	I	S	B	E	L	I	E	F	A	A	G

ANGER	FEAR	MISERY
ANGUISH	GRIEF	PANIC
ANXIETY	GUILT	SADNESS
BOREDOM	HAPPINESS	SHOCK
CONCERN	HATRED	SORROW
DESPAIR	INTEREST	SURPRISE
DISBELIEF	LOVE	WORRY

No. 44 Double 'C' Words

```
K  T  I  Q  B  R  M  V  T  O  B  A  C  C  O
X  O  C  C  U  R  A  R  N  K  A  M  I  T  C
Y  E  D  E  C  C  A  C  E  W  T  R  O  O  C
C  S  R  K  C  S  U  C  C  E  S  S  L  C  A
C  N  A  I  A  J  N  T  C  O  U  F  O  C  S
O  C  N  I  N  A  A  N  A  A  O  I  C  O  I
C  E  U  L  E  A  C  A  C  S  K  N  C  R  O
I  U  O  O  E  O  C  C  U  P  A  T  I  O  N
R  Q  T  C  R  R  E  C  U  T  T  B  P  M  U
T  R  A  C  R  L  P  I  U  Y  U  M  V  N  G
N  D  C  O  E  T  T  S  A  R  E  T  L  A  S
E  F  C  R  V  O  A  E  K  R  A  W  R  L  L
C  Y  A  B  V  F  B  D  P  T  R  T  T  Y  S
C  T  T  S  L  I  L  V  U  N  P  T  E  Z  N
E  R  S  S  T  E  E  Q  V  U  K  W  R  A  K
```

ACCEDE	ECCENTRIC	RACCOON
ACCELERATE	INACCURATE	STACCATO
ACCENT	MOROCCO	SUCCESS
BROCCOLI	OCCASION	TOBACCO
BUCCANEER	OCCUPATION	UNACCEPTABLE
COCCYX	OCCUR	VACCINE
DESICCANT	PICCOLO	YUCCA

No. 45 Fields Medal Winners

```
R Y U S O K A R I A D O K T I
R E G P S E L B E R G Q P R N
T B O M B I E R I A L Z Y X A
S H W Q W K O N T S E V I C H
K A E J Y A F I C L A V V E K
E R R E S E Y H M O U A T H A
M G S T L A W A L I V A U U Z
I A P D H A N E L L U M C M R
N V I W R O K O U N K O V N I
N A O T V T M R O O A A C W M
A B Z N E L L I U Q A K I A T
G P A A R L O T Q E S T L F T
L S R A A I K D A W T H T O H
U T M Z T M M X R E R I A H N
X S S U A R T S N E D N I L Y
```

ATIYAH	KODAIRA	SCHWARTZ
AVILA	KONTSEVICH	SELBERG
BHARGAVA	LINDENSTRAUSS	SERRE
BOMBIERI	MCMULLEN	SMIRNOV
DRINFELD	MIRZAKHANI	THOM
GOWERS	OKOUNKOV	WITTEN
HAIRER	QUILLEN	ZELMANOV

No. 46 Styles Of Architecture

```
Q S C Q Y G O S E Z A A M N O
J R O C O C O A U T K C R A E
H S P T I O N I C V S J A T M
Q V H T T H E E W N Q Z S O S
V I G E U Y L T G B B X D L I
C C E U D N I O Y E A E D I R
G T O A O W Z Z D O R I C H U
H O R R R A A Y E N O A J C T
N R G L I N B R I L Q K X J U
N I I S T N E S D Y U N F A F
P A A I C C T Q S I E I A P S
W N N L I A H H E N A M R O N
K E P A L L A D I A N N A O I
U Q L K R N N S U A H U A B C
P L L J A C O B E A N C X R L
```

BAROQUE	ELIZABETHAN	MODERNIST
BAUHAUS	FUTURISM	NORMAN
BYZANTINE	GEORGIAN	PALLADIAN
CHILOTAN	GOTHIC	REGENCY
CORINTHIAN	IONIC	ROCOCO
DORIC	JACOBEAN	TUDOR
EDWARDIAN	MINKA	VICTORIAN

49

No. 47 Roman Goddesses

A	I	T	A	E	S	Q	I	R	D	L	J	V	A	X
V	E	A	H	P	M	Y	L	U	C	I	N	A	T	I
O	A	N	S	A	Q	F	T	L	T	E	A	C	J	M
P	A	I	U	Q	O	P	U	I	O	E	R	N	C	Y
O	N	R	L	R	J	F	V	Z	O	I	P	E	A	R
M	O	R	T	L	B	U	V	U	Z	Q	P	W	S	M
O	N	U	H	F	A	U	N	A	W	O	Q	A	T	U
N	N	F	E	N	S	G	L	O	L	U	Z	A	D	W
A	A	T	C	A	E	I	L	D	B	O	B	S	H	H
R	V	R	A	N	J	S	R	G	W	X	B	O	J	E
O	I	R	T	U	S	I	P	U	D	A	X	F	F	L
L	T	B	E	L	L	O	N	A	A	T	P	S	O	O
F	K	V	E	N	U	S	I	U	L	S	O	R	X	H
L	E	T	A	N	I	M	U	R	T	E	P	Y	A	K
K	P	I	V	X	W	M	S	R	Z	V	S	R	U	A

ANNONA	FURRINA	MINERVA
BELLONA	GALLIA	OPS
CERES	HECATE	PALES
DIANA	JUNO	POMONA
FAUNA	LUCINA	RUMINA
FLORA	LUNA	VENUS
FORTUNA	LYMPHA	VESTA

No. 48 Moons Of Uranus

```
D  T  C  U  P  I  D  P  U  C  K  V  S  Y  Y
T  S  N  M  M  C  E  E  K  T  A  B  J  G  U
R  C  P  B  A  R  P  O  R  T  I  A  Z  D  A
G  S  D  R  D  I  S  P  J  C  L  D  F  D  S
A  D  N  I  L  A  S  O  R  T  E  I  L  U  J
S  N  T  E  O  L  I  E  S  S  D  T  W  N  A
G  A  L  L  C  I  S  N  D  J  R  P  T  D  P
S  B  O  O  S  S  W  E  A  N  O  R  E  B  O
V  I  P  E  I  U  M  R  L  T  C  E  E  I  R
K  L  A  D  C  O  P  H  E  L  I  A  H  A  A
P  A  A  D  N  A  R  I  M  W  A  T  T  N  P
I  C  R  A  A  D  N  I  L  E  B  A  M  C  Z
Z  H  I  Q  R  S  R  H  X  L  H  W  L  A  S
L  B  E  U  F  E  R  D  I  N  A  N  D  S  J
H  F  L  O  L  A  L  X  S  S  F  L  B  W  R
```

ARIEL	DESDEMONA	OPHELIA
BELINDA	FERDINAND	PERDITA
BIANCA	FRANCISCO	PORTIA
CALIBAN	JULIET	PUCK
CORDELIA	MAB	ROSALIND
CRESSIDA	MIRANDA	TITANIA
CUPID	OBERON	UMBRIEL

No. 49 Spiders Of Australia

```
K H G R H S W R A N T J R S J
C A N S R S K B M B W B T O H
O I I D E W D R O P R K O M A
M T P L A I N O L O C W U B R
M F M P E F P W W N I T L R I
O K U T P T E N A M E L L E D
N C J N R U H W N S V E E R S
M A E C N O O I E T A L R O T
O B M A U E B D T E C M L E M
N D P S E F L O W N E D R A G
E E E T T A P W N T D T G N W
Y R L U A N G R E E N C R A B
Y I L O R F U S W B C F C V L
S Y E T I R W H I P G L A C J
I A T S P A A P G B O T O K A
```

BROWN HOUSE	FUNNEL-WEB	REDBACK
BROWN WIDOW	GARDEN WOLF	SOMBRERO
CAVE	GREEN CRAB	STOUT SAC
COLONIAL	HUNTSMAN	SWIFT
COMMON MONEY	JUMPING	TENT
DEWDROP	PELLET	WALL
ENAMELLED	PIRATE	WHIP

No. 50 Country Houses

```
K R A P N O D N A L C S R F E
C A S T L E H O W A R D N S I
G L K T O E P V Y T O S N E A
D L I I S R V R X P X M E T M
A A Y V N D L E O E T O W A A
L H K N E G N E N H E K B E H
E G N N D D S A L S T U Y L G
M N T J O E E T L P H L H G N
A I V V U L P N O D H A A N I
I L L A H Y E L G N A L L O R
N L G U N B Y H A L L O L L D
P E T W O R T H T C L A R D N
D K N E B W O R T H E E C B A
R E R D O O W D O O G U S Y S
N A A B A U D L E Y E N D F E
```

ALTHORP	DALEMAIN	KNOLE
AUDLEY END	GLYNDE PLACE	LANGLEY HALL
BROADLANDS	GOODWOOD	LEVENS HALL
CASTLE HOWARD	GUNBY HALL	LONGLEAT
CLANDON PARK	KELLING HALL	NEWBY HALL
CLIVEDEN	KINGSTON LACY	PETWORTH
CROXTETH HALL	KNEBWORTH	SANDRINGHAM

53

No. 51 Islands Of The Inner Hebrides

```
O  T  P  Z  D  G  Y  S  G  U  J  U  E  M  O
T  P  B  O  A  I  D  K  Z  S  N  A  J  R  X
T  B  W  L  R  S  U  C  E  G  U  T  L  P  M
Z  W  E  Q  D  D  T  S  U  R  I  A  P  I  A
D  Z  L  E  S  S  A  A  Q  S  F  P  Y  O  C
O  P  A  L  I  K  C  A  N  O  R  P  S  G  T
O  R  C  S  O  A  Y  C  K  N  Z  C  A  G  N
R  Y  O  T  N  C  W  E  O  E  A  T  O  O  F
U  O  A  N  A  E  R  R  T  L  R  D  P  M  S
I  E  A  L  S  I  L  G  P  L  O  R  I  E  A
B  R  A  A  S  A  Y  A  I  N  A  N  E  T  N
M  U  C  K  E  I  Y  E  D  G  G  T  S  R  D
O  W  A  E  I  L  E  A  N  S  H  O  N  A  A
O  Y  W  Q  G  I  X  U  T  B  A  A  N  Z  Y
D  V  I  K  G  A  L  M  F  I  H  E  M  K  L
```

CANNA	ERISKA	MUCK
COLL	GIGHA	ORONSAY
COLONSAY	GOMETRA	RAASAY
DANNA	IONA	RONA
EASDALE	ISLAY	SANDAY
EIGG	KERRERA	SCALPAY
EILEAN SHONA	LUNGA	SKYE

No. 52 Mathematical Puzzle

S	E	W	A	X	I	W	T	B	C	Y	Q	L	T	L
X	U	P	R	O	O	F	L	R	F	U	V	T	L	G
C	L	P	W	S	V	A	R	I	A	B	L	E	B	V
F	A	R	B	E	G	L	A	A	M	L	P	X	E	P
C	V	T	U	H	X	G	D	I	C	I	A	C	C	A
V	T	O	P	O	L	O	G	Y	R	T	T	C	C	S
P	L	I	N	T	E	R	V	A	L	O	I	N	S	U
T	A	N	L	N	O	I	T	A	R	E	P	O	G	T
T	M	T	O	O	Y	T	I	N	I	F	N	I	N	A
G	P	E	J	I	U	H	N	O	I	T	A	T	O	N
E	E	G	S	T	L	M	L	T	T	C	V	C	O	U
S	C	E	J	A	O	U	S	E	G	M	E	N	T	B
T	E	R	R	U	G	C	A	L	C	U	L	U	S	R
P	S	E	J	Q	I	E	A	G	M	J	F	F	N	P
T	R	H	D	E	C	I	M	A	L	R	P	E	R	U

ALGEBRA	INFINITY	PROOF
ALGORITHM	INTEGER	SCALAR
CALCULUS	INTERVAL	SEGMENT
DECIMAL	LIMIT	TOPOLOGY
EQUATION	LOGIC	VALUE
FRACTION	NOTATION	VARIABLE
FUNCTION	OPERATION	VECTOR

No. 53 British Bays

```
D E M I K X N W O T S D A P P
X S B P A F P A O A P B U I R
N W P M R E A I Y E E P T L B
E A A E A B O Z A R V S E P O
R N G T Y C S C L L E W G E P
F S J X E F E A D B N V D F A
F E C A R R D R U N S W I C K
I A O N H Y G M O C E L R I V
D F R O O C S A W M Y A U I W
R H N I S Y I R T H T D R Q H
A R E I S J R T I E I E D U B
C O L D I N G H A M A T A W R
U P I E L K Y E L S E L L O H
L J A F I Y D N A R B N F E S
M E N I V R I T H Z S U L T Y
```

ABERLADY	DRURIDGE	RHOSSILI
BRANDY	HOLLESLEY	RUNSWICK
BUDE	IRVINE	SPEY
CARDIFF	MORECAMBE	SWANSEA
CARMARTHEN	PADSTOW	VERYAN
COLDINGHAM	PEGWELL	WATERGATE
CORNELIAN	PEVENSEY	WHITLEY

56

No. 54 Rivers In South America

```
F  I  S  R  E  A  P  U  R  E  L  R  O  P  S
A  S  E  C  U  R  C  M  A  D  E  I  R  A  S
X  N  T  A  A  A  Y  A  P  I  T  U  C  L  R
T  O  Y  S  H  U  U  G  A  I  L  F  I  E  M
K  Z  R  F  O  C  G  D  R  A  D  K  L  N  U
Q  A  O  D  O  A  V  A  L  D  I  V  I  A  T
T  M  R  C  E  V  F  L  C  I  R  M  I  R  A
F  A  I  C  J  P  Y  E  I  N  O  R  A  M  G
I  T  N  V  A  P  N  N  D  E  O  N  R  K  A
R  V  O  B  M  U  T  A  T  A  C  C  S  B  A
M  A  C  E  A  E  C  P  S  U  H  H  A  Y  A
C  P  O  P  I  L  F  A  R  W  U  L  M  Q  A
W  P  R  A  P  O  S  A  U  A  B  S  A  A  P
U  D  A  Q  O  C  R  F  X  G  U  T  D  T  R
X  R  C  N  F  Q  R  T  D  R  T  H  I  U  Q
```

ACONCAGUA	CRUCES	MIRA
AMAZON	CUTIPAY	ORINOCO
APURE	DAMAS	PALENA
ARAUCA	MADEIRA	PUELO
CATATUMBO	MAGDALENA	SAN PEDRO
CAU-CAU	MAIPO	TRANCURA
CHUBUT	MARONI	VALDIVIA

No. 55 ABBA Songs

```
G N I R G N I R H Z X K D E F
L E A E N R L J A P D K R M A
N E N D O A E T P I W C E W T
O U G N L A S E P B A A M I I
E Q E O O O O E Y M T T M I T
V G L W S T T M N J E T U S I
O N E I N D E K E P R A S U U
M I Y A Y A T C W J L R T F Q
A C E R G U X O Y U O E S O I
M N S L E E H R E V O D A E H
M A E R D A E V A H I N L N C
A D L O D N A N R E F U R O R
M Y R E P U O R T R E P U S T
I O N U I V O U L E Z V O U S
A Q N L F T F Y S W M T V W U
```

ANGELEYES	I HAVE A DREAM	ROCK ME
CHIQUITITA	I WONDER	SO LONG
DANCING QUEEN	MAMMA MIA	SOS
EAGLE	MOVE ON	SUPER TROUPER
FERNANDO	ONE OF US	UNDER ATTACK
HAPPY NEW YEAR	OUR LAST SUMMER	VOULEZ-VOUS
HEAD OVER HEELS	RING RING	WATERLOO

No. 56 Chicken Breeds

```
B M O C E S O R T I C R S N T
T T R I S T T O X L M W X B S
H C H N J C T W D F P T N R R
P S O G O D O O E L J N C E D
P M D C I R X T D R R A I T O
Y W E W T R F E S N T I V N R
N A I H O A B O S G A G Q A K
C N S T L V H E L S R Y Q B I
H O L L A N D K S K U E W A N
E M A G N R E D O M G S Y R G
O A N W O R B D R O F R U B O
N L D U A C A M P I N E E E A
M A R S H D A I S Y K J A Y M
O O E I N O T G N I P R O H W
M M D E L A W A R E D S B P N
```

BRABANTER	JAVA	PYNCHEON
BURFORD BROWN	JERSEY GIANT	RHODE ISLAND RED
CAMPINE	LAMONA	ROSECOMB
DELAWARE	MARSH DAISY	SCOTS GREY
DORKING	MODERN GAME	SEBRIGHT
HOLLAND	NORFOLK GREY	SUSSEX
IXWORTH	ORPINGTON	WYANDOTTE

WORDSEARCH

No. 57 Premier League Stars

```
N  T  V  A  N  N  I  S  T  E  L  R  O  O  Y
G  E  O  G  L  J  U  N  G  B  E  R  G  D  N
G  S  W  M  S  P  I  L  L  I  H  P  T  L  A
K  X  G  O  H  N  I  N  U  J  C  O  V  A  P
Y  O  R  K  E  L  B  T  R  A  I  I  I  N  M
D  S  D  R  A  P  M  A  L  R  E  N  D  O  O
D  S  V  A  R  G  Z  E  L  I  M  P  I  R  K
S  U  A  R  E  Z  S  N  R  E  H  H  C  D  M
E  K  C  D  R  A  Z  A  H  U  C  G  S  R  X
L  I  Z  P  R  O  T  K  A  R  S  T  X  S  A
O  X  P  G  S  S  O  S  G  G  I  G  W  K  A
V  O  U  C  S  T  T  N  U  Q  R  K  D  S  I
F  U  D  T  T  V  I  H  E  N  R  Y  I  S  P
T  L  L  A  D  N  I  E  R  Y  I  O  A  I  T
R  O  D  W  I  I  W  S  O  T  V  A  Y  R  Z
```

AGUERO	KOMPANY	SCHMEICHEL
BALE	LAMPARD	SHEARER
GIGGS	LJUNGBERG	SUAREZ
HAZARD	OWEN	VAN NISTELROOY
HENRY	PHILLIPS	VIDIC
JUNINHO	RONALDO	VIEIRA
KANE	ROONEY	YORKE

60

No. 58 Telephone Terms

```
B  H  A  N  G  U  P  H  O  N  E  B  O  O  K
Z  R  C  E  N  G  A  G  E  D  S  I  Q  S  A
K  C  O  L  C  G  N  I  K  A  E  P  S  H  E
L  A  N  O  I  T  A  N  R  E  T  N  I  A  P
I  A  F  R  E  E  M  I  N  U  T  E  S  A  F
A  R  E  N  O  T  G  N  I  L  L  A  I  D  F
S  E  R  B  P  H  O  N  E  B  O  X  L  E  O
I  A  E  N  O  T  H  C  U  O  T  U  R  K  U
M  C  N  R  H  C  P  R  O  T  A  R  E  P  O
C  O  C  A  L  L  E  R  D  I  S  P  L  A  Y
A  D  E  X  D  I  R  E  C  T  O  R  Y  P  J
R  E  C  O  R  D  E  D  M  E  S  S  A  G  E
D  P  A  Y  A  S  Y  O  U  G  O  K  N  O  M
Y  E  L  L  O  W  P  A  G  E  S  Y  T  N  I
X  B  L  L  A  C  L  A  C  O  L  E  I  A  A
```

AREA CODE	HANG UP	PHONE BOX
CALLER DISPLAY	INTERNATIONAL	RECORDED MESSAGE
CONFERENCE CALL	LOCAL CALL	SIM CARD
DIALLING TONE	OFF-PEAK	SPEAKING CLOCK
ENGAGED	OPERATOR	TALK
EX-DIRECTORY	PAY AS YOU GO	TOUCH-TONE
FREE MINUTES	PHONE BOOK	YELLOW PAGES

No. 59 Sculptors

```
O X G N P O U T Q W L M K I E
D T O F S X Q C V Z I J M B R
O O T K Y A O E X U X A H B A
B M O C S P I L E D R E E G T
A M Z P X M G L G T A R P R S
S O E I O U R I I W N L W U O
K O S S L E O N C I L L O U L
I R L A L E I I N I D O R U T
N E N N E P G I I O V G T L Z
Y C I O T A N I G E R D H O U
T Y A P A P A S H V I L Y D P
T O M N N A S H L W S W E H R
K L A R O M A N E L L I G A Z
O N R T D V U K T J T P M Q T
G R K N A S A P O U E A R A A
```

ANANG	GILL	MOSLEY
BASKIN	HEPWORTH	PAPASHVILY
BERNINI	LEONCILLO	PISANO
CANOVA	LIPSCOMB	REGINATO
CELLINI	MAIN	RODIN
DALOU	MARTINI	ROMANELLI
DONATELLO	MOORE	SANGIORGIO

No. 60 Games And Toys

```
R M Y T T U P Y L L I S L T A
S I E E P O C S O D I E L A K
C X M C H S F L T P G R E G J
B U O M C W J S O O N U P O T
U C U B T A S O Y G M G O R H
U Y S S E N N Y S O S I C F P
A L E E K H R O O S R F S P A
U O T O S I T Y L T M N O A R
U P R N A S S N D I S O R E G
T O A I H C E C I C A I Y L O
W N P M C O L W E K R T G S R
L O H O T U B S R O C C B K I
K M O D E L R A I L W A Y Q P
O U A D S S A W A S G I J P S
T D O L L S M P C A T S F X A
```

ACTION FIGURES	JIGSAW	MONOPOLY
CLUEDO	KALEIDOSCOPE	MOUSE TRAP
DOLLS	LEAPFROG	POGO STICK
DOMINOES	LEGO	SILLY PUTTY
ETCH A SKETCH	MARBLES	SPIROGRAPH
GYROSCOPE	MECCANO	TOY SOLDIER
JACK-IN-THE-BOX	MODEL RAILWAY	YO-YO

No. 61 Dances

```
F P J J F K P B K O L I S Q J
P O S I Z O P A W P L P H O T
A A X T V T O C N E M A L F P
P D M T M E L H A T J S N S O
A A M E R I C A N S M O O T H
O B F R R O H T W K S D T E Y
M M V B J E T A E C R O S L D
A A S U O E N A R I S B E L N
L L U G B L M G H U I L L A I
H T E E M T E U U Q E E R B L
I A A Y A S A R E E K I A M C
W A C S M U B N O T L N H U L
J L K H L H M I G M Z H C R G
W L Q N E A A P P O Q R H I I
M O I X X I S S R O S A B E G
```

AMERICAN SMOOTH	HUSTLE	PASO DOBLE
BACHATA	JITTERBUG	QUICKSTEP
BALLET	JIVE	RUMBA
BOLERO	LAMBADA	SALSA
CHARLESTON	LINDY HOP	SAMBA
FLAMENCO	MAMBO	TANGO
FOXTROT	MERENGUE	WALTZ

No. 62 Origami

```
E  Z  R  W  P  E  S  A  B  G  O  D  S  R  O
K  E  N  I  L  D  L  O  F  I  M  L  V  S  O
T  K  R  N  O  O  E  S  A  B  G  O  R  F  P
T  I  E  D  Y  G  D  W  W  R  A  F  J  G  F
A  O  T  M  L  R  Q  I  I  G  F  E  H  M  L
B  A  T  I  B  O  A  V  E  Y  M  T  S  W  A
I  N  A  L  M  T  F  E  P  S  P  I  F  E  P
T  Z  P  L  O  A  U  L  S  O  A  K  B  N  P
S  S  A  F  B  U  N  F  A  T  P  E  I  A  I
A  G  P  O  R  L  R  O  K  N  I  L  R  R  N
M  B  E  L  E  A  R  L  E  A  O  B  D  C  G
O  E  R  D  T  W  U  D  O  U  D  G  B  A  B
D  V  I  M  A  G  I  R  I  K  V  Z  A  A  I
E  G  D  E  W  A  R  O  H  M  O  R  S  I  R
L  O  T  C  K  F  I  S  H  B  A  S  E  P  D
```

BIRD BASE	FLAPPING BIRD	PAPER
CRANE	FOLD LINE	PATTERN
CREASE	FROG BASE	RABBIT'S EAR
DIAGONAL FOLD	KIRIGAMI	RAW EDGE
DOG BASE	KITE FOLD	SWIVEL FOLD
DUO	MANOEUVRE	WATERBOMB
FISH BASE	MODEL	WINDMILL FOLD

WORDSEARCH

No. 63 Things That Open

```
A L V T A L P A R N Y M F V I
W E M S Z T S A A W I D L T T
D W L A P T S Q X R F S S R Y
J D I T A W O T F A O S S K S
S P F H T U O M C X E R A I G
J T T E B O R D R A W B G T O
D E L G P T B K N L V A W P T
F O L D A O R B V I T L F O U
Y D O I L O L T O X W A R H V
O N E R F B R E W O L F R S V
L Y E F T R E N V B K S A T S
J L A J A A W I W N S F Y A Z
C I U Q C C A B U L E S D S C
H B O K I O R A J F A Y J Q S
R K F P T Z D C P N G B E R Z
```

BOOK	DRAWER	LIFT
BOTTLE	ENVELOPE	MOUTH
BOX	EYE	SAFE
CABINET	FILE	SHOP
CAR BOOT	FLOWER	TAP
CAT FLAP	FRIDGE	WARDROBE
DOOR	JAR	WINDOW

66

No. 64 Football Club Nicknames

```
K A P A V X R J S A K J I Q R
V U L J B I O L R V S I S R E
S E I G G A B V R E A S W J R
G R T S S E U L B Y K S O H A
A I E E N R P P J C K S L X N
T A I D A B E E S H B L V H V
H Q M A I G U N N E R S E P T
A J F L R S M T I R S O S R I
S D S B B P A S S R E T T O P
R R D P M M G E K I A D E B Y
U H E I U I P X S E G M R I K
P L R G C R I O O S U H A N J
S V H L G K E F Y O L U L S L
M E T A E A S J R F L S C G E
L S I J B A D G E R S D C T J
```

ADDICKS	CUMBRIANS	POTTERS
BADGERS	DAGGERS	ROBINS
BAGGIES	FOXES	SEAGULLS
BEES	GUNNERS	SEASIDERS
BLADES	IMPS	SKY BLUES
CHERRIES	MAGPIES	SPURS
CLARETS	MARINERS	WOLVES

WORDSEARCH

No. 65 Books

```
S T H E T R I A L G I X L B R
I I A F F D O N Q U I X O T E
Y B S T A G T A E R G E H T G
K B X O I O M A W A R G L A N
C O M A N N A K A R E N I N A
I H I C V S D U R N T O T I R
D E D C I J A O A S T S T M T
Y H D E S A M N N R O D L A S
B T L B I N E T D C M R E L E
O D E E B E B H P L J I W F H
M H M R L E O E E H O B O A T
R M A X E Y V R A L N V M R W
A U R U M R A O C E E V E M E
T L C C A E R A E A S R N R U
Y E H B N H Y D U L Y S S E S
```

ANIMAL FARM

ANNA KARENINA

BIRDSONG

DON QUIXOTE

EMMA

INVISIBLE MAN

JANE EYRE

LITTLE WOMEN

MADAME BOVARY

MIDDLEMARCH

MOBY-DICK

ON THE ROAD

REBECCA

SONS AND LOVERS

THE GREAT GATSBY

THE HOBBIT

THE STRANGER

THE TRIAL

TOM JONES

ULYSSES

WAR AND PEACE

68

No. 66 Sung By The Beatles

```
H Z B F C L N T P T L A O M J
F W A U S H E L O V E S Y O U
A G V Q H H O N O J X T E B O
B A D T O M E B I R T H D A Y
N W O D W O L S R F A U U D I
D R I V E M Y C A R L C J B R
A L C K S U F O O W T E Y O I
Y O W H A T G O E S O N E Y G
T V H U Y S E R S E I M H F N
R E T L O V E L Y R I T A V I
I M I D R E V O L U T I O N K
P E N N Y L A N E I Q U U K N
P D I G I T O P D A C W O I U
E O A V S Q E I E U H U Z H S
R V S P E L C T P F U S L M S
```

BAD BOY	HEY JUDE	SHE LOVES YOU
BAD TO ME	I FEEL FINE	SHE'S A WOMAN
BIRTHDAY	LOVE ME DO	SHOUT
CAROL	LOVELY RITA	SLOW DOWN
DAY TRIPPER	LUCILLE	SUN KING
DIG IT	PENNY LANE	TWO OF US
DRIVE MY CAR	REVOLUTION	WHAT GOES ON

69

No. 67 Wedding Flowers

W	R	G	L	R	E	N	O	M	E	N	A	A	E	U
H	T	J	O	L	I	D	O	F	F	A	D	U	O	I
U	T	S	U	H	T	N	A	I	D	G	I	T	S	Q
S	E	A	D	G	V	U	A	O	T	L	R	C	A	Y
I	T	M	E	E	E	H	Y	D	R	A	N	G	E	A
F	K	A	L	R	N	X	S	R	N	D	N	R	T	E
O	R	R	P	B	B	S	P	U	B	I	J	R	B	W
V	L	Y	H	E	F	S	N	K	O	O	X	D	A	R
B	J	L	I	R	O	C	Y	R	U	L	M	D	R	C
Q	O	L	N	A	U	N	C	B	V	U	S	A	I	D
W	A	I	I	L	P	H	Y	V	A	S	J	H	E	L
A	E	S	U	Z	I	N	I	L	R	B	O	L	J	J
F	D	S	M	D	N	G	A	R	D	E	N	I	A	L
S	I	I	T	C	K	T	U	L	I	P	P	A	S	S
V	Q	R	U	A	R	E	T	S	A	S	A	S	O	F

AMARYLLIS	DAHLIA	IRIS
ANEMONE	DELPHINIUM	ORCHID
ASTER	DIANTHUS	PEONY
BABY'S BREATH	GARDENIA	PINK
BOUVARDIA	GERBERA	RANUNCULUS
CARNATION	GLADIOLUS	ROSE
DAFFODIL	HYDRANGEA	TULIP

No. 68 Food

```
B  L  A  C  K  P  U  D  D  I  N  G  S  K  Y
S  E  I  P  E  C  N  I  M  N  V  N  C  L  A
S  P  E  I  P  K  R  O  P  I  R  A  O  Y  S
E  E  I  S  Y  L  O  P  Y  L  O  R  N  E  I
H  S  H  E  P  H  E  R  D  S  P  I  E  C  G
C  G  C  C  A  I  S  C  O  T  C  H  E  G  G
I  G  P  S  O  N  H  S  R  I  L  C  U  L  A
W  E  H  S  L  T  D  C  S  U  R  I  A  S  H
D  D  C  W  D  F  T  M  D  E  M  T  T  N  A
N  E  R  D  Z  S  G  A  A  N  M  B  H  S  Q
A  L  U  R  S  P  A  M  G  S  A  N  L  O  K
S  I  M  N  E  L  C  A  K  E  H  H  O  E  Y
E  O  P  C  O  R  N  I  S  H  P  A  S  T  Y
E  B  E  L  F  I  R  T  A  C  S  I  P  I  E
R  M  T  S  R  R  E  X  T  P  Y  R  E  O  F
```

APPLE CRUMBLE	FISH AND CHIPS	SANDWICHES
BLACK PUDDING	HAGGIS	SCONE
BOILED EGG	ICE CREAM	SCOTCH EGG
CORNISH PASTY	MINCE PIES	SHEPHERD'S PIE
COTTAGE PIE	PIE AND MASH	SIMNEL CAKE
CRUMPET	PORK PIE	SPAM
ETON MESS	ROLY-POLY	TRIFLE

No. 69 Anyone For Tennis?

```
T R A M L I N E S O U R A O T
S I Q N D B O A L S I V B T N
S T R W N T I U C R L I H N S
T A D V A N T A G E R I P M U
B H P M H S A B K Y Z Q C H S
V O L L E Y L V K A E R B E W
Y G L T R N O D E L B M I W E
Z D D B O I I A H P I D A C A
R G N G F W V D R O P S H O T
S I A A T U E R R L P K G U B
A E D S H N D L T A R W L R A
T S R E I K O O E A Q L R T N
N Z U N U S C O R E B O A R D
R B D V U C O A C H S A M S S
S I A C C Z E J B C T A A L L
```

ACE	DEUCE	SMASH
ADVANTAGE	DROP SHOT	SWEATBAND
BACKHAND	FOREHAND	TOWEL
BREAK	LOB	TRAMLINES
COACH	PLAYERS	UMPIRE
CODE VIOLATION	SCOREBOARD	VOLLEY
COURT	SLICE	WIMBLEDON

No. 70 Christian Titles

```
W  W  S  L  T  V  T  Q  U  C  R  O  Z  K  G
I  C  T  A  K  T  E  A  U  R  N  U  I  Y  H
S  H  S  N  T  U  T  R  N  O  I  C  N  U  N
M  A  J  I  P  R  A  N  T  T  X  P  J  T  Y
O  P  T  D  R  T  L  A  I  S  U  R  T  U  F
E  L  A  R  E  N  E  G  R  A  C  I  V  R  X
U  A  B  A  F  Q  R  L  R  P  S  M  I  L  V
A  I  B  C  E  S  P  C  B  D  E  A  C  O  N
S  N  O  K  C  V  H  R  E  A  R  T  T  B  V
M  O  T  R  T  B  T  K  F  M  R  E  L  L  G
L  N  R  O  I  R  P  R  P  R  I  E  S  T  S
M  A  U  S  D  E  Z  Q  O  Q  S  T  N  S  C
Y  C  H  A  R  S  E  U  P  S  M  R  R  E  K
W  O  B  H  C  R  A  P  E  O  T  P  Y  T  V
P  T  S  R  X  T  T  D  H  I  K  S  K  H  I
```

ABBOT	DEACON	PRELATE
ARCHBISHOP	EPARCH	PRIEST
BLESSED	FRIAR	PRIMATE
CANON	NUNCIO	PRIOR
CARDINAL	PASTOR	SAINT
CHAPLAIN	POPE	VENERABLE
CURATE	PREFECT	VICAR GENERAL

No. 71 Let's Gossip!

```
O  S  T  B  U  R  B  L  E  L  B  B  A  B  A
C  N  Y  T  E  L  T  T  A  T  D  U  A  O  Z
L  A  D  N  A  C  S  E  C  R  E  T  S  M  D
T  E  J  B  Q  U  P  I  M  Y  U  I  Q  I  J
R  B  B  E  T  R  O  P  E  R  C  O  N  A  P
R  E  H  T  A  L  B  G  K  A  I  S  M  M  X
R  H  V  T  I  D  T  T  L  D  I  L  S  U  G
W  T  T  E  R  A  H  P  L  N  Y  X  Q  T  R
R  L  A  E  L  F  V  E  U  Y  E  T  M  T  E
E  L  O  S  B  A  T  A  A  L  R  S  R  E  T
B  I  S  C  H  A  T  T  E  R  B  O  X  R  T
B  P  I  A  L  E  L  I  J  Y  S  E  T  H  A
A  S  T  K  Z  R  W  P  O  J  E  A  H  S  N
J  W  H  I  S  P  E  R  I  N  G  R  Y  L  H
T  I  V  J  E  N  Z  P  W  M  S  R  G  V  S
```

BABBLE	INSINUATE	RUMOUR
BLABBER	JABBER	SCANDAL
BLATHER	MUTTER	SECRETS
BURBLE	NATTER	SPILL THE BEANS
CHATTERBOX	PRATTLE	STORY
HEARSAY	REPORT	TATTLE
IDLE TALK	REVELATIONS	WHISPERING

74

No. 72 Music Genres

```
I  O  J  R  I  V  E  U  T  K  O  R  L  Q  F
G  O  B  S  G  Q  Y  Z  S  S  C  H  H  I  X
N  C  C  S  R  I  P  A  Z  I  E  O  Y  H  R
T  H  E  A  V  Y  M  E  T  A  L  U  R  Q  G
E  I  N  B  O  S  R  I  W  L  J  S  L  B  I
C  C  A  D  R  C  E  D  P  C  K  E  A  B  O
H  F  N  N  C  G  S  N  E  I  N  T  C  Z  S
N  I  E  A  S  Y  L  I  S  T  E  N  I  N  G
O  A  A  M  R  R  O  E  D  S  W  E  S  I  I
Z  A  G  U  R  T  G  R  R  U  W  I  S  V  I
R  R  G  R  D  N  V  A  T  O  A  B  A  A  I
F  I  E  D  P  U  R  R  R  C  V  M  L  H  Y
A  A  R  V  P  O  B  E  B  A  E  A  C  R  R
E  G  L  W  T  C  P  T  A  S  G  L  C  C  M
Z  Y  G  P  T  A  D  L  P  T  U  E  E  J  C
```

ACOUSTIC	DRUM AND BASS	JAZZ
AMBIENT	EASY LISTENING	NEW WAVE
BEBOP	ELECTRO	POP
BLUES	GARAGE	REGGAE
CLASSICAL	HEAVY METAL	ROCK
COUNTRY	HOUSE	TECHNO
DISCO	INDIE	TRANCE

No. 73 Gulfs

```
C O S K X O B P L L X T P P C
P S R I U I A K S A L A F A A
S A E Z N T O U M B N E J Z T
O R S S E U C T H A N V Y W D
O E X M O U T H M Q J F P D P
N Y D L C R S A D A I Z S D S
R T U Q O A W I U N R R Q H R
U R B R R S H L L R T D S H I
T C O R I S T A N O Y A I T B
T U T D N E N N M O B D C S Q
A O H Z T D X D H M A E I N G
S G N F H O Z Z G R A N N A M
E J I K R D S N Z N A M O R T
S P A R I T Y P M A L L E A L
E K E L O N P K C Q N K L T X
```

ADEN	HAMMAMET	RIGA
ALASKA	KUTCH	ROSES
AQABA	MANNAR	SIDRA
BOTHNIA	ODESSA	SUEZ
CORINTH	OMAN	THAILAND
EXMOUTH	ORISTANO	TONKIN
FINLAND	PANAMA	TUNIS

No. 74 Tour De France Winners

```
A  B  T  A  K  A  A  T  I  L  A  B  I  N  S
T  K  T  L  E  M  O  N  D  A  O  R  I  T  U
E  P  N  I  A  R  U  D  N  I  I  O  W  I  E
T  S  H  V  E  S  O  Q  O  I  N  D  F  P  T
O  N  I  J  R  I  U  S  M  P  I  A  P  O  I
J  A  N  S  S  E  N  P  I  A  C  T  T  V  B
D  V  A  P  T  P  E  L  G  N  N  N  T  Z  H
T  E  U  I  K  L  E  M  E  T  E  O  Z  Z  R
V  E  L  N  O  A  V  S  A  A  N  C  R  O  P
O  C  T  G  T  R  F  N  O  N  G  I  F  H  C
L  C  T  E  A  W  I  G  G  I  N  S  I  P  P
C  I  B  O  R  D  K  E  B  A  G  T  O  P  A
P  O  L  N  E  M  O  O  R  F  Q  B  N  P  I
V  R  O  J  T  I  A  G  M  E  R  C  K  X  T
P  G  F  C  T  E  W  E  L  R  P  F  O  P  R
```

ANQUETIL	HINAULT	NIBALI
CONTADOR	IMPE	PANTANI
DELGADO	INDURAIN	PEREIRO
EVANS	JANSSEN	PINGEON
FIGNON	LEMOND	ROBIC
FROOME	MERCKX	WIGGINS
GIMONDI	NENCINI	ZOETEMELK

No. 75 Radio 4 Programmes

T	S	H	T	L	A	E	H	E	D	I	S	N	I	N
O	E	W	O	R	T	N	O	R	F	B	R	K	J	I
D	V	R	U	O	H	S	N	A	M	O	W	E	C	A
A	I	E	N	O	T	A	D	L	R	O	W	E	H	T
Y	L	A	S	T	W	O	R	D	Y	K	S	W	O	I
Z	T	H	E	M	O	R	A	L	M	A	Z	E	M	R
F	A	C	E	T	H	E	F	A	C	T	S	H	E	B
T	E	O	P	E	N	B	O	O	K	B	P	T	T	F
I	R	Z	I	U	Q	S	W	E	N	E	H	T	R	O
A	G	O	O	D	R	E	A	D	T	D	L	R	U	N
P	J	U	S	T	A	M	I	N	U	T	E	A	T	I
B	S	S	E	N	I	S	U	B	N	I	Z	T	H	A
S	R	E	H	C	R	A	E	H	T	M	Q	S	S	R
E	O	P	O	E	T	R	Y	P	L	E	A	S	E	B
E	M	L	A	N	Y	Q	U	E	S	T	I	O	N	S

A GOOD READ	HOME TRUTHS	START THE WEEK
ANY QUESTIONS?	IN BUSINESS	THE ARCHERS
BOOK AT BEDTIME	INSIDE HEALTH	THE MORAL MAZE
BRAIN OF BRITAIN	JUST A MINUTE	THE NEWS QUIZ
FACE THE FACTS	LAST WORD	THE WORLD AT ONE
FRONT ROW	OPEN BOOK	TODAY
GREAT LIVES	POETRY PLEASE	WOMAN'S HOUR

No. 76 Tomato Varieties

```
L  S  P  I  Z  B  A  L  K  W  O  M  U  J  X
R  U  I  R  T  A  E  U  K  D  O  S  P  T  R
L  T  S  I  P  P  M  H  A  V  Y  S  G  S  R
L  V  R  K  I  A  T  O  M  A  C  C  I  O  Y
E  I  T  F  T  I  E  A  R  L  Y  G  I  R  L
Y  N  E  O  N  A  Z  R  A  M  N  A  S  R  Z
T  E  V  Y  L  U  J  F  O  H  T  R  U  O  F
C  C  T  N  N  O  I  T  A  R  O  D  A  C  I
A  I  F  M  O  N  E  Y  M  A  K  E  R  H  T
M  P  A  B  R  A  N  D  Y  W  I  N  E  E  E
P  U  O  O  N  A  D  Q  T  W  T  P  O  R  P
A  T  E  Z  P  A  R  B  E  Z  N  E  E  R  G
R  S  L  L  I  N  I  R  O  T  N  A  S  Y  A
I  J  U  B  I  L  E  E  T  N  A  C  I  L  A
L  M  K  A  E  T  S  F  E  E  B  H  L  K  O
```

ADORATION	FOURTH OF JULY	ROMA
ALICANTE	GARDEN PEACH	SAN MARZANO
BEEFSTEAK	GREEN ZEBRA	SANTORINI
BRANDYWINE	JUBILEE	STUPICE
CAMPARI	KUMATO	TINY TIM
CHERRY	MONEYMAKER	TOMACCIO
EARLY GIRL	PLUM	VINE

WORDSEARCH

No. 77 Male French Open Tennis Champions

```
U C Q F N O B O R G W R Q T U
A Y L O E I H R M T H C D P Z
T B A T T D C O U R I E R A T
J H L U R U E L S G S O T N A
F T A P E A T R T P U Q E A Q
S C V M U G O R E R R E F T O
L B R W K J A W R R H Y R T O
U L U M M V O K I N L E F A K
A T S O C V H O N L S Z F P T
F D Q Y N E I L A I A T I G A
M O U A X E E L A G R N X Z C
V Z M L R N M L A D F W D H K
O X C L D P E I S S A G A E T
D A N L J F O H G B K N S W R
O L U U Q P S K T U G A L Q U
```

AGASSI	FERRERO	MUSTER
BORG	GAUDIO	NADAL
BRUGUERA	GIMENO	NOAH
CHANG	KAFELNIKOV	PANATTA
COSTA	KUERTEN	VILAS
COURIER	LENDL	WAWRINKA
FEDERER	MOYA	WILANDER

80

No. 78 Pampering Puzzle

R	M	A	S	S	E	U	S	E	G	A	S	S	A	M
E	M	I	G	E	R	Y	T	U	A	E	B	K	U	A
S	U	D	G	L	H	V	Q	R	Z	J	H	C	E	K
I	C	O	N	D	I	T	I	O	N	E	R	I	G	E
R	S	U	G	N	F	S	A	S	H	W	A	T	E	U
U	C	R	E	A	M	S	S	B	R	E	F	S	P	P
T	F	T	O	C	Z	Z	P	R	E	L	R	P	E	T
S	M	O	R	D	Y	R	A	U	U	L	T	I	D	S
I	A	Y	O	E	I	P	D	R	M	E	B	L	I	R
O	N	O	I	T	A	X	A	L	E	R	F	B	C	W
M	I	E	Y	N	S	T	Y	R	O	Y	A	E	U	S
H	C	R	S	E	S	C	M	R	E	T	I	J	R	B
R	U	Y	L	C	R	V	R	E	H	H	I	P	E	R
A	R	A	C	S	A	M	S	U	N	C	T	O	G	C
U	E	I	Z	Z	U	C	A	J	B	T	A	U	N	A

BEAUTY REGIME	LIPSTICK	MOISTURISER
BUBBLE BATH	LOTION	PEDICURE
CONDITIONER	MAKE-UP	RELAXATION
CREAMS	MANICURE	SCENTED CANDLES
FOOT SCRUB	MASCARA	SPA DAY
JACUZZI	MASSAGE	THERAPY
JEWELLERY	MASSEUSE	TREATMENT

WORDSEARCH

No. 79 Manchester United Players

B	G	J	A	A	F	A	T	N	W	K	W	X	A	E
P	R	N	O	T	A	O	A	R	A	W	H	R	A	O
G	R	A	K	F	T	O	M	B	E	C	U	R	B	W
N	A	I	C	N	E	L	A	V	V	A	N	O	O	O
I	P	H	E	T	I	R	Q	K	G	N	O	V	Q	P
L	C	L	B	D	S	Z	D	C	Z	T	S	T	E	O
L	L	Z	L	T	R	I	B	I	J	O	R	O	N	Y
A	M	I	E	V	E	K	N	R	N	N	E	T	O	E
M	A	O	W	D	P	A	S	R	R	A	D	U	V	W
S	H	E	R	I	N	G	H	A	M	I	N	R	S	I
J	K	D	S	S	A	A	F	C	N	G	A	D	L	I
R	C	C	E	U	V	A	N	C	S	P	D	D	E	N
E	E	T	O	G	E	B	E	R	B	A	T	O	V	I
B	B	S	F	L	E	T	C	H	E	R	C	G	A	J
S	B	K	Y	O	E	A	Y	S	C	H	O	L	E	S

ANDERSON	DE GEA	SCHOLES
BECKHAM	EVRA	SHERINGHAM
BERBATOV	FERDINAND	SMALLING
BRUCE	FLETCHER	VALENCIA
CANTONA	HERNANDEZ	VAN PERSIE
CARRICK	INCE	WELBECK
COLE	RAFAEL	YOUNG

No. 80 A Round Of Golf

```
A P Y E E S R U O C U A R X Q
O U P E V E T T U P L E O R O
U D U I G E A R H U E V S U V
S J S D T O T G O Q U I G F F
P U S D F C B Z L K S R T L A
O Z O A Y U H N E E E D T A J
I N R C O A L I I E N S P G A
O U T O F B O U N D S L N A C
P F A I R W A Y O G L I N K S
E A B Z X P P R N G W C H I P
Z I L T W N X C E S E E T T Y
W H A N D I C A P K T M D O Y
B R B A T N T B T V N R U G K
A R C X A Y R I Y O I U F R E
M Y L P A E Z E N A A H B P F
```

ALBATROSS	EAGLE	OUT OF BOUNDS
BOGEY	FAIRWAY	PITCHING WEDGE
BUNKER	FLAG	PUTT
CADDIE	GREEN	SLICE
CHIP	HANDICAP	STROKE
COURSE	HOLE-IN-ONE	SWING
DRIVE	LINKS	TEE

No. 81 Oslo Metro Stations

R	W	C	T	Z	A	G	S	T	H	T	E	C	L	Z
E	K	R	A	V	E	I	E	N	G	O	F	T	C	A
U	L	A	S	P	P	O	A	K	P	U	L	I	M	P
Y	H	E	L	S	F	Y	R	T	M	A	N	M	T	S
D	L	A	M	B	E	R	T	S	E	T	E	R	E	S
O	U	L	I	J	A	T	E	S	U	R	U	F	I	N
A	K	R	A	M	S	K	I	E	U	W	T	N	S	V
D	Y	O	S	U	U	T	K	D	V	B	S	E	U	J
D	U	L	V	L	R	T	O	E	J	E	T	G	T	O
D	U	R	P	T	R	X	T	V	N	R	D	O	X	H
D	U	R	E	G	U	A	H	E	N	G	I	K	E	W
T	A	R	E	S	F	S	K	A	J	E	M	S	N	L
L	I	P	O	G	S	S	Z	N	E	G	R	O	B	W
D	T	E	T	R	O	E	X	O	X	L	G	I	M	V
C	S	T	G	F	G	B	B	C	S	L	R	Y	I	T

AMMERUD	FURUSET	KARLSRUD
BERG	GJETTUM	LAMBERTSETER
BESSERUD	GRORUD	MIDTSTUEN
BOGERUD	HAUGERUD	OPPSAL
BORGEN	HELSFYR	SINSEN
EIKSMARKA	HOLMEN	SKOGEN
EKRAVEIEN	KALBAKKEN	STOVNER

No. 82 Brass Instruments

```
H F T O S T K O S A Q F U J O
N R Y E U P H O N I U M L J W
L S O U S A P H O N E J N I N
N A B A L Z B E Q L K R R S J
T M N A T U R A L H O R N A A
N R O C S I F O B H M N Z L Z
A A B S M S P B E G B R T E Z
T S U E S H T N A A U O E Z O
U D G O O A O R S C H H N U P
X R L N K T B A U O E H R V H
X C E O I S X M R M E C O U O
A T S R W H O N I R P N C V N
L U A L O O P H I C L E I D E
K B K R N E N O B M O R T X A
L A N R O H L E G U L F H R F
```

ALTO HORN	FISCORN	NATURAL HORN
BARITONE HORN	FLUGELHORN	OPHICLEIDE
BASS TRUMPET	FRENCH HORN	SAXHORN
BUGLE	JAZZOPHONE	SOUSAPHONE
CIMBASSO	KOMBU	TROMBONE
CORNET	MELLOPHONE	TUBA
EUPHONIUM	NABAL	VUVUZELA

No. 83 Knotty Puzzle

```
Y P O O L N A P S D T W R S I
C O W H I T C H N O H E C T J
E N I L W O B C E T C W E R P
S L I P K N O T L A T A R E H
H C T I H K C I L L I K H F A
E A O P E L U H K M H C S O L
E S L T S I K A N X L T T I F
T R O T T A K D O R E O E L H
B T P O E N X R T Q R N I F I
E E E P N R W A T E R K N O T
N P R H U R H G P G A F K Z C
D W M C A R R I C K B E N D H
O O S S E L H I T C H E O V Y
H C T I H E V O L C T R T A R
P P O V S H E E P S H A N K A
```

BARREL HITCH	HALTER HITCH	SHEET BEND
BOWLINE	KILLICK HITCH	SLIP KNOT
CARRICK BEND	NAIL KNOT	SNELL KNOT
CLOVE HITCH	NOOSE	SPAN LOOP
COW HITCH	OSSEL HITCH	STEIN KNOT
GARDA HITCH	REEF KNOT	TREFOIL
HALF HITCH	SHEEPSHANK	WATER KNOT

No. 84 Desert Island Discs Castaways

E	S	S	O	J	U	D	Y	M	U	R	R	A	Y	A
F	T	C	Y	V	T	E	R	R	Y	W	O	G	A	N
A	L	F	I	E	B	O	E	W	R	E	R	J	M	T
J	M	I	E	G	E	R	D	N	A	F	U	O	A	A
O	R	U	S	I	Q	G	E	N	T	H	X	H	S	N
H	A	I	R	A	Y	W	I	N	S	T	O	N	E	D
N	Y	T	Y	A	J	A	C	K	D	E	E	B	R	D
L	M	N	E	L	L	A	Y	L	I	L	H	I	E	E
L	E	B	E	A	R	G	R	Y	L	L	S	S	H	C
O	A	N	N	A	F	O	R	D	D	L	C	H	T	K
Y	R	R	E	B	Y	R	A	M	I	P	Y	O	F	N
D	S	E	D	M	I	L	I	B	A	N	D	P	T	N
Z	R	L	J	I	M	M	Y	W	A	L	E	S	I	T
A	N	N	E	R	E	I	D	B	I	U	N	J	T	O
J	O	N	S	N	O	W	T	K	C	A	M	E	E	L

ALFIE BOE	JACK DEE	LILY ALLEN
ANDRE GEIM	JIMMY WALES	LISA JARDINE
ANNA FORD	JOHN BISHOP	MARY BERRY
ANNE REID	JOHN LLOYD	RAY MEARS
ANT AND DEC	JON SNOW	RAY WINSTONE
BEAR GRYLLS	JUDY MURRAY	TERRY WOGAN
ED MILIBAND	LEE MACK	THERESA MAY

No. 85 Arnold Schwarzenegger Films

A	S	A	S	A	B	O	T	A	G	E	T	N	V	F
T	T	T	I	N	O	R	I	G	N	I	P	M	U	P
T	H	E	E	X	P	E	N	D	A	B	L	E	S	S
N	E	E	L	W	I	H	R	O	I	N	U	J	A	A
U	R	L	L	N	R	N	Z	L	E	R	A	S	E	R
H	U	O	A	A	N	O	G	T	O	U	Y	Y	P	E
R	N	O	C	L	S	I	L	A	E	D	W	A	R	H
E	N	D	E	P	S	T	A	S	O	L	U	D	E	S
G	I	N	R	E	T	C	S	L	J	J	O	F	D	E
N	N	A	L	P	U	A	M	T	L	H	I	O	A	I
E	G	M	A	A	H	T	E	A	A	I	T	D	T	L
V	M	M	T	C	U	S	W	H	G	N	V	N	O	E
A	A	O	O	S	T	A	T	I	D	G	D	E	R	U
C	N	C	T	E	V	L	A	U	N	E	I	D	H	R
S	T	A	Y	H	U	N	G	R	Y	S	R	E	Q	T

COMMANDO	PREDATOR	THE EXPENDABLES
END OF DAYS	PUMPING IRON	THE LAST STAND
ERASER	RAW DEAL	THE RUNNING MAN
ESCAPE PLAN	RED HEAT	THE VILLAIN
JUNIOR	SABOTAGE	TOTAL RECALL
LAST ACTION HERO	SCAVENGER HUNT	TRUE LIES
MAGGIE	STAY HUNGRY	TWINS

No. 86 British Comics

Y	D	N	A	M	A	D	T	M	E	G	E	H	T	I
S	A	W	N	C	A	E	L	G	A	E	E	H	T	Q
A	X	D	R	E	T	S	U	B	O	F	E	S	J	O
T	T	X	T	C	T	I	K	L	T	D	R	T	H	S
W	T	D	A	H	H	T	O	N	A	E	B	E	H	T
W	H	I	Z	Z	E	R	A	N	D	C	H	I	P	S
Z	E	A	P	X	T	B	D	Y	M	L	I	L	H	S
E	C	M	M	I	O	Y	E	T	T	A	M	M	Y	L
R	H	Y	C	L	P	A	F	E	A	N	N	Q	K	O
A	A	K	Z	D	P	P	T	L	Z	T	U	I	E	H
T	M	R	T	A	E	S	I	K	D	E	O	B	E	X
N	P	A	C	Y	R	U	K	N	G	N	R	O	T	P
N	I	P	P	E	R	K	S	I	B	R	Q	V	H	P
Q	O	S	M	M	C	G	K	W	X	O	W	K	A	P
A	N	D	C	S	O	K	A	T	I	H	Q	T	P	I

ACTION MAN	NIPPER	THE DANDY
BUNTY	PIPPIN	THE EAGLE
BUSTER	SPARKY	THE GEM
HOOT	TAMMY	THE TOPPER
HORNET	THE BEANO	TWINKLE
KRAZY	THE BEEZER	WHAM!
MANDY	THE CHAMPION	WHIZZER AND CHIPS

WORDSEARCH

No. 87 Grammar

```
K E S H L A N O I T I D N O C
X V B R E V Y R A I L I X U A
W I I E N U T T H C E G I A U
G T N C U L P C C I T E D D S
A C T I O B G E E M A C N J A
N E E O N R B F E P G I U U T
T J R V E E R R P E U O R N I
E D R E L V E E S R J V E C V
C A O V B D V P F A N E G T E
E S G I A A L E O T O V G T V
D P A S T P A R T I C I P L E
E E T S N L D U R V X T U T R
N C I A U O O T A E R C S E B
T T V P O S M U P K L A U Z V
J C E M C I N F I N I T I V E
```

ACTIVE VOICE	CAUSATIVE VERB	INFINITIVE
ADJECTIVE	CONDITIONAL	INTERROGATIVE
ADJUNCT	CONJUGATE	MODAL VERB
ADVERB	COUNTABLE NOUN	MOOD
ANTECEDENT	FUTURE PERFECT	PART OF SPEECH
ASPECT	GERUND	PASSIVE VOICE
AUXILIARY VERB	IMPERATIVE	PAST PARTICIPLE

No. 88 Double 'F' Words

```
R C R I U U H L N S Z T W D Q
I S M G T N O R F F A Q I F M
J R S S O O R N R W A N W U F
E C O F F I C E R E K A W B S
Z L H J T T O T D C E A U B F
H R B A T C U L H U F F F A L
S N R A F E L A F F F F F T F
O A X I F F U S L O L I U O E
F I T Y P F I E O H U N R H T
F F T A F A A N U O E I N I L
E F F E R V E S C E N T S D A
N U U X J I F F Y H T Y D E B
D R P D I F F E R B A O R A O
E L F F U H S F M U F F I N S
D U S D U O Y H L F R T A T R
```

AFFABLE	DIFFER	OFFICER
AFFECTION	DOFF	RUFFIAN
AFFINITY	EFFERVESCENT	SHUFFLE
AFFRONT	EFFLUENT	SUFFIX
BUFFOON	JIFFY	TARIFF
CHAFFINCH	MUFFIN	TOFFEE
CHAUFFEUR	OFFENDED	WAFFLE

No. 89 Character Traits

G	L	H	C	U	S	A	J	E	Y	P	P	A	H	A
K	R	X	O	R	C	B	M	L	G	R	A	T	V	R
A	M	J	N	L	C	O	S	B	N	U	N	P	I	R
G	A	C	S	U	A	Q	U	A	I	D	A	H	R	O
N	T	R	I	F	N	G	O	R	R	T	T	C	T	G
C	E	A	D	T	T	R	I	E	A	N	I	N	U	A
R	U	R	E	H	A	U	R	S	C	G	R	O	O	N
S	S	O	R	G	N	M	T	I	E	G	E	B	U	T
R	U	N	A	U	K	P	S	M	V	U	V	O	S	S
P	O	N	T	O	E	Y	U	I	A	T	E	S	U	T
O	R	G	E	H	R	S	D	D	R	Y	L	S	S	S
V	E	Y	S	T	O	O	N	O	B	A	C	Y	W	N
R	N	C	H	Y	U	C	I	O	R	E	H	L	A	P
U	E	V	I	S	S	E	R	G	G	A	F	C	X	S
P	G	N	I	M	R	A	H	C	L	K	A	J	O	A

AGGRESSIVE · AMBITIOUS · ARROGANT · BOSSY · BRAVE · CANTANKEROUS · CARING · CHARISMATIC · CHARMING · CLEVER · CONSIDERATE · COURAGEOUS · GENEROUS · GRUMPY · HAPPY · HEROIC · INDUSTRIOUS · MISERABLE · SHY · THOUGHTFUL · VIRTUOUS

No. 90 Officials

```
Q A T M N E D A T R F R L P M
L G F N A E N K D V C H A I R
T C N L A T S I N V E J N R B
I R Z N I E R C A R D I N A L
A M C W T E G O U T S R R L G
R A O R C U A R N T P I T C L
J J L T R O L L E C N A H C P
S O O V A K N R L S G I C O T
O R N S S D R T P A E C L M L
C T E I R P J S R F R I W M G
O A L A U O E U W O C I R A F
Z S N H B F D H T E L U M N P
F L P O H S I B M A Z L C D R
G T F P N P B A Q H N G E E A
R N Q N I I N S P E C T O R I
```

ADJUTANT	CHAIR	DIRECTOR
ADMIRAL	CHANCELLOR	INSPECTOR
BISHOP	CHIEF WHIP	MAJOR
BURSAR	COLONEL	MATRON
CANON	COMMANDER	MINISTER
CAPTAIN	CONTROLLER	POLICEMAN
CARDINAL	DEAN	SERGEANT

WORDSEARCH

No. 91 Cockney Rhyming Slang

```
B  O  A  T  R  A  C  E  I  P  K  R  O  P  K
A  S  H  T  A  B  E  L  B  B  U  B  T  E  L
R  H  T  R  W  A  F  A  E  L  A  E  T  E  P
N  A  B  P  O  O  L  E  H  T  P  O  O  L  L
E  N  O  B  D  N  A  G  O  D  S  W  R  E  A
T  K  T  N  U  B  T  N  A  R  R  U  C  I  T
F  M  L  A  D  Y  G  O  D  I  V  A  T  S  E
A  A  A  D  A  M  A  N  D  E  V  E  O  O  S
I  R  S  C  M  I  N  C  E  P  I  E  S  R  O
R  V  G  B  D  A  O  T  D  N  A  G  O  R  F
R  I  Y  Q  E  T  A  L  P  A  N  I  H  C  M
R  N  R  U  B  Y  M  U  R  R  A  Y  S  T  E
D  S  R  A  E  P  D  N  A  S  E  L  P  P  A
W  K  O  O  H  S  R  E  H  C  T  U  B  I  T
G  U  P  U  Z  G  I  J  H  S  I  R  I  U  Y
```

ADAM AND EVE	CURRANT BUN	MINCE PIES
APPLES AND PEARS	DOG AND BONE	PLATES OF MEAT
BARNET FAIR	FROG AND TOAD	PORK PIE
BOAT RACE	HANK MARVIN	ROSIE LEE
BUBBLE BATH	IRISH JIG	RUBY MURRAY
BUTCHER'S HOOK	LADY GODIVA	TEA LEAF
CHINA PLATE	LOOP THE LOOP	TWO AND EIGHT

94

No. 92 Biscuits

```
H  O  B  N  O  B  S  T  N  U  O  C  S  I  V
T  U  N  R  E  G  N  I  G  M  A  C  R  R  G
K  I  S  H  O  R  T  C  A  K  E  F  L  I  M
R  T  U  A  B  I  Y  L  T  D  N  I  N  C  S
E  E  Z  C  E  O  T  Y  I  J  N  G  I  H  H
F  I  G  P  S  E  U  G  L  C  E  R  D  T  O
A  T  P  D  D  I  E  R  O  R  U  O  L  E  R
W  A  Z  M  O  S  B  L  B  S  N  L  A  A  T
Z  W  I  N  T  D  N  R  G  O  G  L  B  T  B
H  L  R  I  H  W  E  S  E  N  N  E  I  V  R
K  Z  V  C  D  A  R  I  K  T  J  X  R  O  E
J  E  P  E  D  H  I  T  M  H  A  T  A  U  A
R  S  N  O  O  R  A  C  A  M  Q  W  G  M  D
Y  G  C  M  A  E  R  C  D  R  A  T  S  U  C
I  P  K  E  K  A  C  A  F  F  A  J  X  G  E
```

BOURBON	HOBNOB	RICH TEA
CUSTARD CREAM	JAFFA CAKE	SHORTBREAD
DIGESTIVE	JAMMIE DODGER	SHORTCAKE
FIG ROLL	LINCOLN	VIENNESE WHIRL
GARIBALDI	MACAROON	VISCOUNT
GINGER NUT	MALTED MILK	WAFER
GINGERBREAD	NICE	WATER BISCUIT

No. 93 Found In The Attic

```
B R Y I H E R X T A D J L S S
R D I W I S S P I D E R S D C
O N E M P T Y B O X E S E U O
K O O C M A N U A L S R U S B
E O L I O L D B O O K S Q T W
N A S D S R P F T R S C I R E
T K U T C I A U U L E N T A B
O N I J E O V T S R S L N I S
Y A T K P P M E I U X R A N D
S T C E J O R P L O O H C S R
C R A T E S T A U E N S R E O
U E S R T U T T C T T S R T C
F T E J R I A K R Z E D E C E
T A S M O O L R I E H R L I R
W W G N I G A K C A P I T O Y
```

ANTIQUES	EMPTY BOXES	PACKAGING
BROKEN TOYS	HEIRLOOMS	RECORDS
CARPET	INSULATION	SCHOOL PROJECTS
COBWEBS	MANUALS	SPIDERS
CRATES	OLD BOOKS	SUITCASES
DECORATIONS	OLD COMPUTER	TRAIN SET
DUST	OLD TELEVISION	WATER TANK

No. 94 Bingo Calls

```
S  T  A  Y  I  N  G  A  L  I  V  E  K  G  O
E  I  S  R  E  D  R  O  S  R  O  T  C  O  D
E  D  O  F  R  T  M  R  Y  G  N  E  I  O  R
R  O  O  D  E  H  T  F  O  Y  E  K  L  D  M
H  O  E  E  O  E  W  U  U  Q  L  L  C  B  Y
T  B  V  T  H  L  O  I  A  M  I  G  Y  Y  I
E  Y  I  A  S  A  F  S  N  E  T  M  T  E  C
H  T  J  G  Y  W  A  N  D  A  T  A  E  T  U
T  E  D  N  M  N  T  E  M  N  L  N  K  E  P
L  K  N  E  E  M  L  Z  E  D  E  A  C  E  O
L  C  A  D  L  O  A  O  L  Y  D  L  I  N  F
A  I  P  R  K  W  D  D  U  O  U  I  L  S  T
A  T  M  A  C  E  I  E  C  U  C  V  C  T  E
P  K  U  G  U  R  E  N  K  E  K  E  U  L  A
P  Z  J  U  B  K  S  O  Y  T  O  M  M  I  X
```

ALL THE THREES	JUMP AND JIVE	ONE LITTLE DUCK
BUCKLE MY SHOE	KEY OF THE DOOR	STAYING ALIVE
CLICKETY CLICK	LEGS	THE LAWNMOWER
CUP OF TEA	LUCKY	TICKETY-BOO
DOCTOR'S ORDERS	MAN ALIVE	TOM MIX
GARDEN GATE	ME AND YOU	TWO FAT LADIES
GOODBYE TEENS	ONE DOZEN	YOU AND ME

No. 95 Castles In Scotland

O	B	T	L	J	I	T	U	J	Z	A	U	A	F	U
T	J	A	R	I	E	I	R	W	O	P	F	R	N	D
P	L	I	R	A	B	R	S	A	D	N	U	D	P	S
T	U	C	P	N	H	E	O	Y	C	B	W	O	K	O
E	I	R	L	B	B	K	R	G	W	H	S	B	O	S
L	E	O	A	B	A	O	C	T	C	O	T	W	O	T
O	P	O	U	R	P	V	U	O	O	O	S	A	R	T
L	O	K	R	O	H	P	E	G	L	N	V	Q	C	O
S	H	S	I	U	A	A	X	L	L	G	T	A	G	P
K	D	T	S	G	G	R	I	P	A	E	I	R	I	Y
M	U	O	T	H	G	T	H	L	I	W	P	A	A	A
D	D	N	O	T	S	I	H	C	R	E	M	Z	R	L
L	Y	C	N	Y	M	C	E	I	N	R	E	F	C	C
S	N	P	I	A	U	K	M	A	I	N	S	S	H	R
M	H	G	R	U	B	N	I	D	E	E	D	N	U	D

BARNBOUGLE	CRAIGLOCKHART	HAGGS
BAVELAW	CROOKSTON	LAURISTON
BROUGHTY	DUDHOPE	LIBERTON
CATHCART	DUNDAS	MAINS
CLAYPOTTS	DUNDEE	MERCHISTON
COLLAIRNIE	EDINBURGH	PARTICK
CRAIGCROOK	FERNIE	POWRIE

No. 96 Rivers Of Rio De Janeiro

```
X R B Z J A P U I B A B S I T
U P R E A B A C U B M A M X T
A R E P N T H U I G M B Z E C
C E U E H G I T E U O M R E R
T T Q B A N A O P A B A T I D
S O E U U B R L C X D C L A R
S Y U A U T A I A I O A E T P
S B Q B S Y C X E N F B D M Z
H Z A M O A V M U D U U N A Y
Z P P I R A P E T I N G A T R
I K T H E B A N U B I A R A P
U O O C M M A R C A L E G R E
L B N A S O O U T M S S Q U S
E L V C O P T N U T E A R N L
J P E T D E S A B A N A N A L
```

ALEGRE	GUAXINDIBA	PAQUEQUER
BANANAL	IMBOACICA	PARAIBUNA
BENGALA	ITABAPOANA	PIRAPETINGA
CACHIMBAU	JAPUIBA	POMBA
DO FUNIL	MACABU	PRETO
DOS MEROS	MAMBUCABA	UBATIBA
GRANDE	MATARUNA	URUBU

WORDSEARCH

WORDSEARCH

No. 97 English Snooker Players

```
Y I T I V L L W W A A E W C Q
R D I L A R B V U Z K A I H P
C L L M E G I Z I P T R W T R
C T F O M J L R Y J E S H P J
A T V E A Y A I A A R O N D O
B O N D H P B O P D R U A T T
W R K V G O U L D N R V M M X
A R W K N O W L E S I L S C R
H A W K I N S F M S H C D L P
V P I E B O K N T U A A O E F
T N M A J D C V I R R S P O I
G T Y U F B I O T K O P U D G
T S P P R E H E P U L L H M A
O O Q Z P T R A U E D I N Y A
T P T O O A U T E S T L M L V
```

BINGHAM	GOULD	MCLEOD
BOND	HAROLD	MILKINS
CARTER	HAWKINS	MURPHY
COPE	HICKS	PARROTT
DAVIS	KING	SELBY
EBDON	KNOWLES	THORNE
FOULDS	LEE	TRUMP

100

No. 98 Astronomical Observatories

```
G A Q S E H I U P T R W Y M I
P N L S O X J X V U C L Q S O
N O I N I M O D F Y A A M I C
B A D L A N D S E K N I W N R
O L L O P A R A L U O N A M K
R S H E R Z E R G I P N R U Z
G W E K E R L A I B U E N G C
O I S S O A L L N Q S T E S E
T K F V P T B L F I H N R S L
Y L Q F N S A E I H I E V Q E
R N T U O E N G E R L C E F S
U I O K F R K H L B L T A Z T
U M L C D A D E D U J B Y A I
N P B E H L E N S P R R E K A
D U B K Y F L Y P A R K E S L
```

AKER	CENTENNIAL	JODRELL BANK
ALLEGHENY	DARK SKY	KECK
APOLLO	DOMINION	MOUNT LAGUNA
BADLANDS	ELGINFIELD	PARKES
BEHLEN	FABRA	RILEY
CANOPUS HILL	FLARESTAR	SHERZER
CELESTIAL	GIFFORD	WARNER

WORDSEARCH

No. 99 19th Century Operas...

```
C A W X H R I G O L E T T O L
W D R I R O X N A B U C C O F
T R L E L E L L I E R I M B S
A A R O I L E D I F Y W E E A
N U O A D N I O K A A K D R P
E T B E T E A A I U N B O O L
L S I D E A I R M S T K N N T
O A L I X P I R T T H A C S N
B I A M T U Z V F S E S A B W
A R D A L A Z Z A G A L R G H
N A P R I E N Z I R E L L Q F
N M M I D E R C N A T I O W N
A N E M R A C A C O M A S T S
H L V E E L A T S E V A L D Y
S T K S K L T L R A F R W R S
```

ANNA BOLENA	LA GAZZA LADRA	OBERON
CARMEN	LA STRANIERA	RIENZI
DALIBOR	LA TRAVIATA	RIGOLETTO
DON CARLOS	LA VESTALE	SEMIRAMIDE
EURYANTHE	MARIA STUARDA	SIEGFRIED
FAUST	MIREILLE	TANCREDI
FIDELIO	NABUCCO	WILLIAM TELL

No. 100 ...20th Century Operas

```
A Q J F E T S J A B Z D O K L
E T T T Z V S X M T D D E A R
G D T T T H E B E A R U L U L
L S H E O O B R P I R B E I O
O A E Q E I D H B U G Y K I N
R Z N M D C N N Y A I L T L I
I C O S I E A A A N D L R T H
A A S C P R Y E T R T I A A C
N P E V U R G E P O U B V B C
A R U Y S Q R R E D S T V A E
R I U C R M O K E M N C T R L
Y C X J E W P G U T A A A R R
B C A Z X S A L O M E J R O A
S I Z A K L A S U R E P L A S
A O T H E M E R R Y W I D O W
```

ARLECCHINO	INTERMEZZO	SALOME
BILLY BUDD	LA VIDA BREVE	THE BEAR
CAPRICCIO	LULU	THE MERRY WIDOW
DAPHNE	OEDIPUS REX	THE NOSE
ELEKTRA	PETER GRIMES	TOSCA
GLORIANA	PORGY AND BESS	TURANDOT
IL TABARRO	RUSALKA	WAR AND PEACE

No. 101 Gilbert And Sullivan Characters

O	M	C	F	O	M	I	D	E	R	A	Z	H	L	O
H	A	N	N	A	H	E	M	A	D	L	I	S	A	C
T	D	M	T	P	Y	S	I	N	L	H	E	G	T	O
T	M	A	A	X	R	I	O	T	A	I	Y	L	T	G
E	A	R	L	T	O	L	L	O	L	L	E	R	E	I
K	R	C	U	I	R	L	A	N	E	A	D	E	M	A
C	G	O	O	T	R	I	N	I	X	R	A	K	A	N
E	A	P	S	N	U	W	T	O	I	I	E	C	I	E
B	R	A	J	E	S	E	H	A	S	O	D	U	F	T
B	E	L	D	X	M	T	E	S	H	N	K	T	F	T
O	T	M	C	A	R	A	A	Z	H	S	C	M	L	A
B	E	I	A	H	E	V	Y	N	K	B	I	O	E	M
S	X	E	K	T	W	I	S	B	C	L	D	T	T	R
L	E	R	L	T	S	R	E	W	U	E	H	X	A	O
L	A	I	P	I	O	P	A	J	B	D	P	T	G	K

ADA	DAME HANNAH	IOLANTHE
ALEXIS	DICK DEADEYE	KATISHA
ANTONIO	EARL TOLLOLLER	MAD MARGARET
ARAC	FIAMETTA	MARCO PALMIERI
BOB BECKETT	FLETA	PRIVATE WILLIS
CASILDA	GIANETTA	ROSE MAYBUD
CONSTANCE	HILARION	TOM TUCKER

No. 102 Papal Names

```
S U I G R E S A J J X L X R W
U P N S V Y U R B A N L T L T
I M V W L U H G J A V F L U I
S Y L X A A D J E C K E R P H
A R R H C L E M E N T L M I V
T P B E N E D I C T E I I U P
S N I C H O L A S U T X I S Z
A L E X A N D E R A R J T T N
N D U E I O A A S U I L U J T
A H R A C I T G S T E P H E N
O O O I P I R B O N I F A C E
Q I Y J A I N N O C E N T I N
M C S P R N J I Y R O G E R G
K O E A Z E J C S T I A A I P
S P B Q J E U T D S L E C S S
```

ADRIAN	EUGENE	NICHOLAS
ALEXANDER	FELIX	PAUL
ANASTASIUS	GREGORY	PIUS
BENEDICT	INNOCENT	SERGIUS
BONIFACE	JOHN	SIXTUS
CELESTINE	JULIUS	STEPHEN
CLEMENT	LEO	URBAN

No. 103 In The Garden

```
B  K  Q  U  I  B  C  R  P  G  S  S  A  E  X
L  A  U  H  S  O  G  Y  J  A  L  U  Q  L  S
E  G  E  R  M  U  N  R  I  E  W  O  C  V  W
W  O  R  P  Q  Q  S  T  A  E  O  B  V  R  X
O  C  O  R  Z  X  S  Y  V  Z  R  D  P  E  A
R  S  A  P  L  I  N  G  S  S  R  J  N  W  S
T  K  H  T  A  B  D  R  I  B  A  D  E  O  A
E  A  D  I  B  B  L  E  G  A  B  O  S  M  P
K  I  T  U  R  F  F  E  N  Y  L  P  N  Q
M  L  R  N  A  C  G  N  I  R  E  T  A  W  L
E  T  E  H  C  T  A  H  T  P  E  Y  D  A  T
V  T  E  T  R  P  E  O  N  G  H  T  E  L  M
P  R  S  E  R  A  O  U  A  H  W  O  X  B  J
A  F  L  O  W  E  R  S  L  X  V  Z  A  S  L
C  D  U  I  H  H  O  E  P  R  U  N  I  N  G
```

AXE	HATCHET	SAPLINGS
BIRDBATH	HOE	SPADE
COMPOST	LAWNMOWER	TREES
DIBBLE	PLANTING	TROWEL
FLOWERS	POND	TURF
GLOVES	PRUNING	WATERING CAN
GREENHOUSE	RAKE	WHEELBARROW

No. 104 Claude Monet Paintings

A	Y	H	S	U	B	E	S	O	R	E	H	T	E	R
W	P	O	P	L	A	R	S	G	N	I	N	R	O	M
O	C	H	R	Y	S	A	N	T	H	E	M	U	M	S
L	E	G	D	I	R	B	O	O	L	R	E	T	A	W
L	W	E	A	I	S	R	E	L	G	N	A	O	W	T
I	I	V	H	A	Y	S	T	A	C	K	D	X	V	F
W	S	R	J	A	G	A	P	A	N	T	H	U	S	D
G	T	D	L	E	I	F	T	A	O	X	A	L	U	A
N	E	E	S	U	O	H	D	E	R	E	H	T	N	H
I	R	V	A	S	E	O	F	T	U	L	I	P	S	L
P	I	E	E	D	I	E	P	P	E	V	N	P	E	I
E	A	I	R	E	T	N	I	W	B	G	O	E	T	A
E	P	A	C	S	D	N	A	L	G	N	I	R	P	S
W	L	A	N	A	C	D	N	A	R	G	E	H	T	U
B	E	S	E	S	I	R	I	W	O	L	L	E	Y	R

AGAPANTHUS	POPLARS	TWO ANGLERS
CHRYSANTHEMUMS	ROUEN CATHEDRAL	VASE OF TULIPS
DAHLIAS	SPRING LANDSCAPE	WATERLOO BRIDGE
DIEPPE	SUNSET	WEEPING WILLOW
HAYSTACK	THE GRAND CANAL	WINTERIA
MORNING	THE RED HOUSE	WISTERIA
OAT FIELD	THE ROSE BUSH	YELLOW IRISES

No. 105 Laboratory Equipment

```
C F H V P U O A W X O S K V O
R E S N E D N O C G I B E I L
U G I X T B E T T E R U B U A
C U D A E T A D A U F F H D B
I F G B U N S E N B U R N E R
B I N E E T O S T M N G A A O
L R I L O P O I E T N K X D T
E T T L T S O C O C E R S R A
R N A J A C U C L R L P L O R
F E R A H P I A S A U B I P I
L C O R B S M T S O V L A P P
A R P O O P S O L A R E P E S
S P A T U L A R F V P C T R A
K R V L O S P E T R I D I S H
D R E P A P R E T L I F M M V
```

ASPIRATOR	CLAMP	FUME CUPBOARD
AUTOCLAVE	CRUCIBLE	FUNNEL
BEAKER	DESICCATOR	LIEBIG CONDENSER
BELL JAR	DROPPER	MICROSCOPE
BUNSEN BURNER	EVAPORATING DISH	PETRI DISH
BURETTE	FILTER PAPER	PIPETTE
CENTRIFUGE	FLASK	SPATULA

No. 106 Doctor Who Episodes

WORDSEARCH

```
T H E R E B E L F L E S H R
Z C N O O M E H T L L I K U E
O W O L E B T S A E B E H T K
E S E M I T G N I S O L C H A
I L P R A M Y S C H O I C E T
G I N T O T H E D A L E K B E
T H E S N O W M E N E O N I R
H T A E R B P E E D I H E G A
S U T I M E H E I S T A T B C
L A S T C H R I S T M A S A E
D A Y O F T H E M O O N I N H
J J A F L A T L I N E Q L G T
P I X N I G H T T E R R O R S
R E G D O L E H T U A I H W L
D A R K W A T E R A W D L O C
```

AMY'S CHOICE

CLOSING TIME

COLD WAR

DARK WATER

DAY OF THE MOON

DEEP BREATH

FLATLINE

FLESH AND STONE

HIDE

INTO THE DALEK

KILL THE MOON

LAST CHRISTMAS

LISTEN

NIGHT TERRORS

THE BEAST BELOW

THE BIG BANG

THE CARETAKER

THE LODGER

THE REBEL FLESH

THE SNOWMEN

TIME HEIST

No. 107 Cricket World Cup Centurions

```
G R A H A M G O O C H I V M G
N T A N D Y F L O W E R D R D
I C Y W B R I A N L A R A R A
T E L V N K I L A N E E O M V
N R D I I A T J P I M G R J I
O C E J V V D N R E I E Y P D
P H N W O E R E H R A O B D B
Y R A A O Y L I E O K F R U O
K I F O H G C L C A R F A M O
C S E H S K D E O H S M D I N
I G I O K R N I S Y A A H N P
R A H U L D R A V I D R O Y K
M Y H G U A W K R A M S D I R
A L L A N L A M B M D H G S U
V E D L I P A K S O I L E U P
```

ALLAN LAMB	DAVID GOWER	KAPIL DEV
ANDY FLOWER	ED JOYCE	MARK WAUGH
BRAD HODGE	GEOFF MARSH	MOEEN ALI
BRIAN LARA	GRAEME HICK	RAHUL DRAVID
CHRIS GAYLE	GRAHAM GOOCH	RICKY PONTING
CLIVE LLOYD	IMRAN KHAN	SAEED ANWAR
DAVID BOON	JP DUMINY	VIV RICHARDS

110

No. 108 'P' Programming Languages

```
K  Z  T  L  T  T  F  N  O  M  J  D  S  Q  Q
K  P  Q  A  E  J  Q  S  C  S  A  G  J  X  R
O  A  R  C  V  E  N  F  X  G  S  P  F  L  B
F  T  W  S  P  R  O  T  E  L  R  B  O  P  N
A  B  R  A  A  L  E  M  O  R  P  V  P  L  H
A  E  Q  P  P  I  A  O  C  V  U  S  Z  E  W
D  L  M  H  O  A  H  N  C  C  L  E  P  K  L
G  S  C  R  W  S  Y  P  N  I  D  E  S  T  L
Q  T  U  O  E  A  T  D  A  E  P  P  P  K  S
K  Z  O  G  R  R  A  S  J  R  R  L  I  S  L
R  C  S  A  S  A  I  S  C  S  G  A  U  K  R
O  C  X  M  H  P  O  W  E  R  H  O  U  S  E
H  U  E  S  E  N  I  L  E  P  I  P  R  B  P
Y  E  L  X  L  P  P  W  S  H  S  P  H  P  F
P  O  P  I  L  O  T  T  T  N  O  H  T  Y  P
```

PARASAIL	PIKE	POWERHOUSE
PASCAL	PILOT	POWERSHELL
PDL	PIPELINES	PPL
PERL	PLANNER	PROGRAPH
PHP	PLEX	PROMELA
PHROGAM	PLUS	PROTEL
PICO	POSTSCRIPT	PYTHON

111

No. 109 The Open Golf Champions

```
N R M A A T T F H K S I Z B L
L O N I V E R T N F T K I S W
H Y S R L N T U R O G E R S D
X A O L O L R L E O N A R D S
W N R R E C E U Q S O I H J D
O A E R L K U R P T S D O L A
O M T L I I C R J H A P O D R
D H S S Y N C I T U S E R U S
S E E R O L G M M I W C V V U
C L L W J N L T S Z S I N A S
L P L A Y E R A O E K R A L C
T F A L D O S O F N I P M X A
B I B A K E R F I N C H R K E
T S A E E T U A C R S J O I E
U T B L X J S A I I G P N A E
```

BAKER-FINCH	LEHMAN	OOSTHUIZEN
BALLESTEROS	LEONARD	PLAYER
CLARKE	LYLE	PRICE
CURTIS	MCILROY	ROGERS
DUVAL	MICKELSON	TREVINO
FALDO	MILLER	WATSON
HARRINGTON	NORMAN	WOODS

112

No. 110 Christmas Stocking Gifts

```
C H O C O L A T E T L P E S J
O E D O M I N O E S S S N C L
M M B O O K F Y D U T R I T R
I A S U Q S Y S N E P E R L I
C G L O C U R O S I T K E A S
R O B T C S P L A S E C G J S
A E E L V K K D A J L I N B S
B D T L O T S I P R E T A W W
J I O R A N G E B C C S T A U
Q V S N O Y A R C U A Y A T I
L P L A Y I N G C A R D S O X
B O V P U D R Z E E B S I R F
M R R P O L V C R N L H B C U
H M J L Y T L D E E L T S H F
A I L E N D R T X U A R A R P
```

APPLE   DOMINOES   SOCKS

BOOK   DVD   STICKERS

BRACELET   FRISBEE   TANGERINE

CHOCOLATE   ORANGE   TORCH

COMIC   PENS   TOY SOLDIER

CRAYONS   PLAYING CARDS   VIDEO GAME

DOLL   RUBIK'S CUBE   WATER PISTOL

No. 111 Chinese Dams

O	S	K	S	A	N	B	A	N	X	I	V	R	O	P
W	E	Z	E	A	I	A	H	E	F	S	M	T	E	U
U	O	K	G	N	A	I	J	N	A	D	S	U	D	D
J	E	A	R	N	A	T	G	N	O	L	P	X	X	U
I	A	H	O	J	A	Y	U	B	I	U	H	S	R	B
A	V	T	G	U	G	I	N	A	T	I	P	U	O	G
N	U	D	E	N	D	U	J	U	W	H	J	M	T	X
G	Q	W	E	R	I	G	A	G	O	I	P	R	B	I
D	T	S	R	X	T	P	N	N	N	Z	X	W	R	L
U	I	T	H	R	R	A	G	A	G	O	H	A	V	U
A	D	P	T	J	I	J	N	N	P	Z	D	A	L	O
U	N	S	I	V	I	Q	T	K	A	S	H	Q	D	D
N	A	W	O	A	I	X	A	R	E	I	O	A	I	U
K	U	B	D	A	F	Y	I	J	G	N	J	T	O	P
T	G	U	O	N	R	S	P	U	B	U	G	O	U	A

DANJIANGKOU	JIANGPINGHE	SANBANXI
DONGJIANG	JINANQIAO	SHUIBUYA
ERTAN	LAXIWA	TANKENG
GOUPITAN	LONGTAN	THREE GORGES
GUANDI	NUOZHADU	WUJIANGDU
GUANGZHAO	PANGDUO	XIAOWAN
HONGJIADU	PUBUGOU	XILUODU

114

No. 112 Adjectives

```
C I S S B L C A U T I O U S Q
O S U U T E L B A U L A V U E
M A O O A I W A Y Q J Q N O A
P E L D T C M I E S I V C R B
L A U N L T I U T R U A I E R
I R B E A R S T L C S G A G I
C R A M I U K T S A H U F N L
A F F E C T I O N A T E X A L
T L P R I H N G C I T I D D I
E I A T F F N B F R H N N P A
D V W U R U Y U H A V P A G N
R E X C E L L E N T Z T D F T
T T N A P P I L F Z F V A P D
D E L B U O R T K U D S S I A
R A B O S A R C A S T I C D N
```

AFFECTIONATE	EVIL	STIMULATING
BEAUTIFUL	EXCELLENT	SUPERFICIAL
BEWITCHED	FABULOUS	TREMENDOUS
BRILLIANT	FANTASTIC	TROUBLED
CAUTIOUS	FLIPPANT	TRUTHFUL
COMPLICATED	SARCASTIC	VAGUE
DANGEROUS	SKINNY	VALUABLE

No. 113 'S' Colours

```
Y  J  R  P  T  H  F  B  A  I  C  L  Y  A  A
P  E  S  Y  E  R  G  E  T  A  L  S  A  N  D
B  X  S  T  E  U  L  B  L  E  E  T  S  F  Y
W  T  E  L  R  A  C  S  H  A  M  R  O  C  K
S  O  E  D  P  A  S  I  L  V  E  R  T  S  A
S  W  D  S  S  R  W  B  Y  R  E  S  E  A  O
U  A  Z  A  C  K  R  R  S  H  I  A  A  A  T
N  A  F  S  H  O  C  K  I  N  G  P  I  N  K
S  O  U  F  W  S  Y  Y  O  R  L  P  R  A  V
E  R  M  N  R  B  I  P  E  M  E  H  G  E  J
T  P  N  L  L  O  I  E  T  S  C  I  N  D  A
U  A  O  U  A  A  N  G  N  J  H  R  A  G  R
E  B  E  Q  S  S  I  A  V  N  U  E  S  P  P
A  C  K  E  R  O  L  S  R  S  A  Z  R  O  S
M  A  O  V  A  Q  Q  X  I  H  S  V  T  V  Y
```

SAFFRON	SEA GREEN	SILVER
SAGE	SEAL BROWN	SINOPIA
SALMON	SEPIA	SKY BLUE
SAND	SHADOW	SLATE GREY
SANGRIA	SHAMROCK	STEEL BLUE
SAPPHIRE	SHOCKING PINK	STRAW
SCARLET	SIENNA	SUNSET

No. 114 Construction

```
M  N  E  R  U  D  D  M  C  A  O  R  S  R  S
J  K  Z  E  F  F  O  O  T  I  N  G  S  S  C
K  D  C  W  M  S  L  L  A  W  Y  T  R  A  P
B  R  I  O  N  O  I  T  I  L  O  M  E  D  E
N  A  O  T  L  R  S  S  U  R  V  E  Y  U  T
S  W  E  W  E  B  Y  N  M  A  N  S  I  O  N
R  I  D  V  K  E  E  D  E  G  A  T  T  O  C
B  N  A  Z  T  C  R  C  O  N  C  R  E  T  E
D  G  R  E  T  A  I  N  I  N  G  W  A  L  L
Q  S  T  W  I  R  L  R  C  F  A  W  H  S  Z
C  E  S  N  O  B  P  F  B  H  F  O  E  L  A
B  K  U  P  K  R  O  W  D  N  U  O  R  G  R
B  A  L  C  O  N  Y  P  A  S  W  R  N  O  T
O  X  A  R  C  H  I  T  E  C  T  U  C  Q  D
T  C  B  E  X  C  A  V  A  T  I  O  N  H  U
```

ARCHITECT	DEMOLITION	MANSION
BALCONY	DRAWINGS	OFFICE BLOCK
BALUSTRADE	EXCAVATION	PARTY WALL
BRICKWORK	FLAT	RETAINING WALL
CHURCH	FOOTINGS	STORM DRAIN
CONCRETE	GROUNDWORK	SURVEY
COTTAGE	HOUSE	TOWER

No. 115 Parts Of A Bicycle

```
Q I E R T P O U I N W M S G T
F L M K L G U E Q R I Z K U Z
H N A R C Q S Z D T P A X L E
R D R I N I T K S L E E H W I
R E F L E C T O R H D K D C A
E R T A E S K W A O I S S A U
E A S W I N G N U T F F T A L
U I G I E R D O A Y T T T E B
Z L N E S L I P A R A Z Y E N
O L I P E N B N L E C H U T R
T E R B U H G A G I A E N E N
I U A Y R V R O C J Z Y F C N
X R E L D N I P S L A T K Z H
S I B A V B P E T T K P I Z I
R Q G V C N P T G D A B Q Q F
```

AXLE	FAIRING	REFLECTOR
BASKET	FORKS	SEAT
BEARING	FRAME	SHIFTER
CABLE	HANDLEBARS	SPINDLE
CHAIN	HUB	TYRE
CRANK	LUG	WHEELS
DERAILLEUR	PEDAL	WING NUT

118

No. 116 Some Soaps

```
T H E C U T E M M E R D A L E
Y T C S R E D N E T S A E T D
C T R A S O Y T I C Y B L O H
S I L V E R S T R E E T F S L
B E O A D B E S I M J O E E L
T D N A U O O H R C E S P L I
L I D U U S C H C O R S Y G H
P S O S T A A T C R A E L N G
U K N S R P Y C O E A D V A N
P O B O L Y C W M R S E S I I
C O R O N A T I O N S T H R R
S R I A F F A Y L I M A F T P
G B D S D J H O L L Y O A K S
K S G Z Q L K E L D O R A D O
I N E I G H B O U R S R T C A
```

BROOKSIDE	ELDORADO	POBOL Y CWM
CASUALTY	EMMERDALE	RIVER CITY
CORONATION ST	FAMILY AFFAIRS	SILVER STREET
CROSSROADS	HOLBY CITY	SPRINGHILL
DOCTORS	HOLLYOAKS	THE ARCHERS
EASTENDERS	LONDON BRIDGE	THE CUT
ECHO BEACH	NEIGHBOURS	TRIANGLE

No. 117 Only 'A' Vowel

```
N  S  P  O  A  S  A  O  L  M  S  I  O  L  V
A  T  T  T  H  U  T  A  O  A  C  Y  P  F  T
M  C  C  I  H  P  N  L  E  G  V  M  D  C  Z
K  S  A  M  A  H  A  B  T  L  T  A  A  O  S
M  R  R  N  U  W  L  R  I  A  M  N  T  K  S
A  D  A  M  A  N  T  M  G  M  T  U  A  A  P
R  K  T  V  T  S  A  A  V  A  L  D  A  A  R
G  E  A  R  D  S  T  D  T  C  R  B  P  L  N
A  Y  C  H  A  R  L  A  T  A  N  A  T  B  S
N  T  J  J  A  A  A  G  Z  N  Y  C  P  A  H
A  U  Q  A  M  A  N  A  P  A  O  C  H  L  X
D  O  E  B  R  Q  H  S  S  M  P  A  T  E  P
O  D  A  A  M  P  W  C  Z  L  R  R  A  D  O
Y  D  W  L  A  U  C  A  R  A  V  A  N  V  P
A  X  Y  H  T  I  T  R  V  S  I  T  I  I  O
```

AARDVARK	BACCARAT	HAPHAZARD
ADAMANT	BAHAMAS	LAMBADA
ALMANAC	CANASTA	MADAGASCAR
AMALGAM	CANTATA	PANAMA
ANAGRAM	CARAVAN	PAPAYA
ATLANTA	CATARACT	PARAGRAPH
AVATAR	CHARLATAN	SAHARA

No. 118 Agent Nouns

```
R K E T K L R P D E B A I L S
I U A D V I S E R R R S T S D
P E V D G R R O R E D O C E D
R E R I M D A E D R A P P E R
I E U G E R S I H J A C S Z Q
N I S J B F R E L G G A H W Y
T U P O L I S H E R U G G E T
E O P V P M G I M I T A T O R
R R W E R M R T A T X T L L R
L E I T E S O U R E Y H S L N
W S N K K P A C K A G E R J U
Q I J N C V U O B S E R V E R
P U A C A M P A I G N E R D T
Z R R L H L R E D N I R G T V
E B U Y E R P J D U E P L O I
```

ADMIRER	GATHERER	PACKAGER
ADVISER	GRINDER	PLANNER
BRUISER	HACKER	POLISHER
BUYER	HAGGLER	PREACHER
CAMPAIGNER	IMITATOR	PRINTER
COMPOSER	LAUGHER	RAPPER
DECODER	OBSERVER	RIDER

121

No. 119 Universities

```
R  P  G  T  X  L  A  S  Q  B  J  L  R  T  M
S  T  V  S  E  N  N  L  O  C  N  I  L  L  A
U  X  F  E  C  D  L  E  I  F  F  E  H  S  B
D  R  O  F  D  A  R  B  T  M  I  J  C  A  A
N  U  C  W  Z  J  M  N  T  C  R  P  T  L  Y
O  A  N  H  R  M  K  B  E  U  O  H  Q  F  E
T  B  T  D  I  E  A  S  R  R  T  S  B  O  S
P  E  F  T  E  C  T  H  T  I  O  R  L  R  S
M  R  I  I  R  E  H  S  G  Y  D  G  U  D  E
A  D  P  G  R  K  M  E  E  N  B  G  N  X  X
H  E  R  T  F  O  R  D  S  H  I  R  E  A  L
T  E  S  T  U  P  N  G  V  T  C  T  E  G  B
R  N  H  T  U  O  M  Y  L  P  E  N  T  D  K
O  P  H  W  R  I  B  R  V  R  D  R  A  O  X
N  A  A  M  B  I  R  M  I  N  G  H  A  M  N
```

ABERDEEN	DERBY	MANCHESTER
BANGOR	DUNDEE	NORTHAMPTON
BATH	ESSEX	NOTTINGHAM
BIRMINGHAM	EXETER	PLYMOUTH
BRADFORD	HERTFORDSHIRE	PORTSMOUTH
CAMBRIDGE	LEICESTER	SALFORD
CHICHESTER	LINCOLN	SHEFFIELD

No. 120 Visit To The Beach

```
W  R  E  D  F  L  A  G  H  C  A  R  P  U  A
K  I  T  E  S  D  O  Q  H  T  N  N  A  E  S
F  P  N  K  T  R  L  O  S  A  R  A  P  A  P
U  P  S  D  S  A  S  F  P  P  T  R  N  I  X
H  W  C  S  I  U  L  P  A  K  A  D  E  M  D
J  O  F  Z  R  G  L  R  R  M  C  D  Y  B  D
N  R  E  S  U  E  E  R  G  A  I  O  E  U  S
S  M  L  R  O  F  H  Z  S  S  Y  L  R  C  H
P  B  P  E  T  I  S  T  T  C  R  I  I  K  B
E  O  O  M  B  L  L  T  A  M  H  C  A  E  B
X  R  M  M  B  E  A  C  H  B  A  L  L  T  S
E  E  D  I  T  E  L  S  C  I  N  C  I  P  A
Q  L  D  W  A  L  K  E  R  S  P  U  C  A  T
A  A  X  S  D  R  A  O  B  F  R  U  S  V  M
F  S  T  S  A  E  T  M  S  B  A  G  R  O  E
```

BEACH BALL	PICNIC	SUNBATHERS
BEACH MAT	RED FLAG	SURFBOARDS
BUCKET	ROCK POOL	SWIMMERS
FAMILIES	SANDCASTLE	TIDE
KITES	SHELLS	TOURISTS
LIFEGUARD	SPADE	WALKERS
PARASOL	SPRAY	WIND

No. 121 They've Topped The Charts

E	E	A	X	N	R	J	E	I	S	S	E	J	A	S
L	L	L	U	B	T	I	P	T	I	P	E	L	X	R
I	S	K	S	U	K	A	H	U	M	S	B	J	H	O
H	A	R	H	I	A	A	G	A	S	A	R	A	L	B
V	T	W	A	D	R	O	T	G	N	R	I	S	S	I
K	I	I	P	M	T	R	L	Y	M	N	T	O	O	N
S	S	L	M	Y	O	Y	A	A	P	T	A	N	I	T
L	R	L	E	S	N	N	R	H	B	E	O	D	E	H
E	U	I	T	N	M	K	U	A	N	M	R	E	R	I
W	M	A	E	Y	R	A	U	R	R	I	A	R	L	C
T	Y	M	I	O	O	E	S	H	B	U	V	U	Y	K
O	L	G	N	I	D	L	U	O	G	E	I	L	L	E
Y	L	S	I	H	A	E	Q	L	M	F	A	O	A	T
E	O	O	T	E	V	D	U	A	R	B	M	I	K	C
N	H	R	A	E	U	A	I	T	D	R	R	P	T	Q

ADELE	JESSIE J	PITBULL
BRUNO MARS	KATY PERRY	RIHANNA
CALVIN HARRIS	KIMBRA	RITA ORA
ELLIE GOULDING	LMFAO	ROBIN THICKE
GOTYE	MARK RONSON	SAM SMITH
JASON DERULO	NE-YO	TINIE TEMPAH
JESS GLYNNE	OLLY MURS	WILL.I.AM

No. 122 Words Ending In 'X'

```
K  I  R  B  L  Q  E  T  S  F  T  X  X  A  I
O  L  E  E  C  O  M  P  L  E  X  I  E  D  N
K  Q  A  E  M  C  N  U  L  U  O  F  L  R  B
S  R  R  S  E  R  M  X  A  H  D  E  L  S  O
W  T  J  W  F  M  O  O  X  E  A  R  W  A  X
Z  R  T  A  O  N  X  R  O  Q  R  P  O  I  H
F  A  W  X  I  D  N  E  P  P  A  F  P  C  E
D  U  D  U  O  N  Y  X  N  G  P  R  T  C  T
U  K  Q  M  X  O  B  R  E  T  T  A  H  C  E
V  E  M  X  I  F  F  A  K  C  B  Y  S  R  R
U  L  T  A  L  X  R  O  C  V  O  O  R  E  O
H  D  S  B  T  B  B  M  I  R  X  N  Z  F  D
Z  V  D  Z  O  R  V  X  H  L  L  F  V  L  O
A  L  E  X  S  C  I  R  C  U  M  F  L  E  X
J  Z  E  C  S  K  S  X  R  P  U  D  S  X  X
```

ADMIX	COMPLEX	INBOX
AFFIX	CONVEX	MATRIX
APPENDIX	EARWAX	ONYX
BEESWAX	EQUINOX	PARADOX
CHATTERBOX	FLUMMOX	PREFIX
CHICKENPOX	GEARBOX	REFLEX
CIRCUMFLEX	HETERODOX	XEROX

No. 123 Jazz Music Terms

```
A A B P A U G M E N T E D K R
D S E U L B K S J N M D O E F
U P B F A K E B O O K U S A L
B N O I S R E V N I S L A X X
R R P C H X Y X Y T Y R O O E
N O I T A R E T L A N E B S N
H Z Z D Z R T I C S C T R C C
E P R O G R E S S I O N O H I
K D O P H E S M C V P I K R N
A U I U R T O O F O A U E O O
F F I R R O D J S R T B N M T
C I N O T A T N E P I O T A A
N N L S U S I U Y M O H I T I
E L A C S D E H S I N I M I D
O K R R W Y C A D E N C E C T
```

ALTERATION

AUGMENTED

BEBOP

BLUES

BRIDGE

BROKEN TIME

CADENCE

CHROMATIC

CODA

DIATONIC

DIMINISHED SCALE

FAKE BOOK

IMPROVISATION

INTERLUDE

INVERSION

PENTATONIC

PROGRESSION

RIFF

STRIDE

STROLL

SYNCOPATION

126

No. 124 'T' And 'T'

```
E A C N O D Z E H T T W E E T
L T T T R E N C H A N T O N N
T R A N S C R I P T Y P E P E
A U N A R O M G E O R M A Q T
I M G L T N T P T U A Y H S A
U P E P S M H K T R R R S E R
U E N S I T E E E N I U R T T
S T T N R S R P E A E N Z B S
K E A A U K M S Z M M D K S U
U L R R O E O D N E R Q I E R
T B G T T O S T I N T I R R T
R A E F S E T E S T A M E N T
H T T N E L A T L U A D B F P
F H T I C A T A V A T G S B R
I L I V P N J O E Q F B X S X
```

TABLET	TESTAMENT	TRENCHANT
TACIT	THERMOSTAT	TRIDENT
TALENT	TINT	TRINKET
TANGENT	TOURIST	TRUMPET
TARGET	TOURNAMENT	TRUST
TEMPERAMENT	TRANSCRIPT	TRYST
TENT	TRANSPLANT	TWEET

No. 125 Prix De L'Arc De Triomphe Winners

```
N A D Y I K A K X V E R I G S
R O E C A G A S A K H E E X S
A H G S R L V Q P O S S V A A
D D E T R O I T A L C D V T O
N Y L L A E P P A R A T S O T
N Q L J I W V M J N R U P C F
I X A A C S M I E T R E V E A
S I S O N T S D R A O J T T T
S M S R A T R I I D L T I N B
F A U R U E H L O G L N L R N
X G R D A R L O I Z H O O A Y
D A B M X I O Q M O O M G R L
E S T O N Y B I N A U T I T L
W O R K F O R C E Z S S M F V
O L H U R R I C A N E R U N C
```

AKIYDA	HELISSIO	SAGAMIX
ALLEGED	HURRICANE RUN	SAKHEE
CARROLL HOUSE	LAMMTARRA	SINNDAR
DANEDREAM	MIGOLI	STAR APPEAL
DETROIT	MONTJEU	TONY BIN
DYLAN THOMAS	RAIL LINK	TREVE
GOLD RIVER	SAGACE	WORKFORCE

No. 126 Proper Nouns

```
F O T R E B U J U H P A R I S
L E I N A D X N B J J M Y P S
O C T O B E R O M A N I A L C
R E P L U T O S N M R N D R F
I U I T R P D U C E I E S B S
D E D S E M A H T S V P E G X
A F M I L R U M H P E T U R O
V I C K Y E C N A R F U T A R
G P P U S R E F R R U N R P S
S G O R S V S L S E K E E R A
U H R R O N N R U W T G B I Q
L O T X U Q S I N O D N O L H
K H A Y J S G V P E T E R T P
L S J A E S H L L K E C S T R
V R S Y P J C I A A P Q C R L
```

APRIL	LONDON	PLUTO
DANIEL	MARK	ROBERT
ECUADOR	MARS	ROMANIA
FLORIDA	NEPTUNE	SPANISH
FRANCE	OCTOBER	THAMES
JAMES	PARIS	TUESDAY
JANUARY	PETER	VICKY

129

No. 127 Narcissus Species

```
J S N E V A D E N S I S P M U
I W S I S N E I R U T S A R S
S U S I I D R A H C N A L B U
S E U U R C A L C I C O L A N
S U R O L F I D I R I V I T A
U U E O O U A L G B P A U R T
C J I N T T R E I A O B Q I E
I N M N I I I E E T E S N A C
N R O S E M N A B N T C O N A
A K L S U G A U U A I I J D J
T U E S M S I L S C C S Q R H
I S R R I T E M C U U S R U T
S A O I E J U B I Y S U D S T
U I I X U E I M O R C S A I O
L S U N A T I D A G P M I E G
```

ABSCISSUS	GADITANUS	POETICUS
ASTURIENSIS	JACETANUS	PRIMIGENIUS
BLANCHARDII	JONQUILLA	ROMIEUXII
BUJEI	LUSITANICUS	SCABERULUS
CALCICOLA	MOLEROI	SEROTINUS
CANTABRICUS	NEVADENSIS	TRIANDRUS
CYCLAMINEUS	OBESUS	VIRIDIFLORUS

No. 128 All About Clouds

```
Y  T  R  O  P  O  S  P  H  E  R  E  U  S  W
M  F  S  C  U  M  U  L  O  N  I  M  B  U  S
T  U  F  S  I  N  B  A  O  I  I  L  S  T  U
P  A  L  U  G  B  M  R  S  U  O  E  O  A  O
A  L  O  E  L  C  I  C  L  K  S  W  T  R  E
N  I  G  L  V  F  N  U  A  A  E  I  P  T  R
N  N  N  I  M  B  O  S  T  R  A  T  U  S  C
U  C  S  P  N  C  T  Y  S  U  B  C  G  O  A
S  U  L  U  M  U  C  T  Y  S  B  L  A  T  N
U  S  R  U  O  P  A  V  R  E  T  A  W  L  U
A  Z  O  S  U  R  R  I  C  S  Y  M  U  A  M
S  D  U  O  L  C  F  L  E  H  S  V  A  G  U
T  N  E  C  U  L  I  T  C  O  N  T  U  T  B
N  O  I  T  A  T  I  P  I  C  E  R  P  U  Z
T  S  S  T  F  I  X  V  S  F  A  T  M  U  D
```

ALTOSTRATUS	ICE CRYSTALS	PRECIPITATION
ARCUS	INCUS	SHELF CLOUDS
CIRRUS	NACREOUS	TOWERS
CUMULONIMBUS	NIMBOSTRATUS	TROPOSPHERE
CUMULUS	NOCTILUCENT	TUBA
FLUFFY	PANNUS	VELUM
FRACTONIMBUS	PILEUS	WATER VAPOUR

131

WORDSEARCH

No. 129 Sweet Foods

```
F N R A N G E L C A K E O E L
L T E P M U R C N U B D E C I
A T E W G I B Q E A I H T I V
P W E L S H C A K E T L A L T
J B E A L A T T E O Y M L S U
A A J K C A M N K S I B O M R
C T M A A A R A A N L V C A A
K H A D E C K D C S P E O E G
V B O L O P T E Y A S A H R U
M U A P S U P I R C R I C C S
S N S I C I G K U T A O O P L
M F P O E O M H B R A K O R E
S G L Y X S C O N E F N E N C
M H I Y G A T E A U G P A U P
X T X P P U D V B E T A O P R
```

ANGEL CAKE	CRUMPET	MACAROON
BANBURY CAKE	FLAPJACK	MINCE PIE
BATH BUN	FRUIT CAKE	SCONE
CHELSEA BUN	GATEAU	SPONGE
CHOCOLATE	ICED BUN	SUGAR
CREAM SLICE	JAM DOUGHNUT	TEA CAKE
CROISSANT	LARDY CAKE	WELSH CAKE

132

No. 130 Science Fiction Authors

```
N  K  S  G  F  L  K  O  L  L  A  D  T  U  E
I  D  S  Z  S  R  A  T  O  S  L  C  M  T  P
G  S  K  N  A  B  F  B  V  B  R  K  B  P  A
Q  R  O  X  N  D  K  C  E  P  A  I  I  L  O
A  A  M  I  S  B  A  U  M  O  H  L  S  L  J
A  A  V  R  A  R  E  M  P  K  V  T  C  X  Y
T  E  R  E  V  X  T  O  S  Q  B  A  R  F  T
N  O  Y  E  L  X  U  H  W  R  D  D  L  R  O
Z  O  R  P  N  L  L  B  R  R  I  A  L  P  R
N  M  S  W  U  D  C  O  O  K  E  X  S  P  C
O  N  G  T  E  L  R  N  R  V  T  S  F  U  B
T  Y  N  B  A  L  L  A  R  D  A  S  Q  A  Y
T  I  I  R  S  W  L  M  G  G  T  S  Q  R  T
D  S  K  V  O  M  I  S  A  W  Y  E  R  E  S
T  E  N  R  E  V  L  N  L  N  S  C  R  E  R
```

ABE	BOVA	NIVEN
ADAMS	CARVER	ORWELL
AMIS	CLARKE	PULLMAN
ASIMOV	GARDNER	SAGAN
BALLARD	HUXLEY	SAWYER
BANKS	KAFKA	VERNE
BAUM	KING	WATSON

No. 131 Poker Hall Of Fame Stars

```
O  A  N  T  N  T  E  V  W  C  D  O  D  B  L
U  T  X  O  O  M  N  S  L  R  R  J  S  A  S
O  Y  T  T  T  O  C  O  L  A  A  R  O  D  G
U  C  S  I  G  X  U  C  T  M  C  P  N  D  X
W  N  S  S  N  T  E  R  L  S  H  I  D  I  A
Q  I  A  N  I  E  T  S  N  E  E  R  G  N  C
C  W  G  E  R  I  A  S  L  T  L  R  J  G  S
P  D  R  Y  R  A  E  L  S  E  L  L  P  T  T
L  L  V  U  A  G  M  N  M  T  D  E  A  O  U
L  A  Q  G  H  U  E  R  R  A  R  I  Q  N  T
R  B  P  N  T  R  I  N  E  I  I  E  E  V  D
H  T  R  H  O  R  S  T  L  T  G  S  B  S  U
C  M  C  E  V  O  Y  I  L  O  X  H  I  O  H
A  S  L  G  N  A  M  R  E  B  G  A  T  P  R
T  E  Y  G  I  C  R  O  K  M  O  T  B  T  X
```

ADDINGTON	GREENSTEIN	NGUYEN
BALDWIN	HARRINGTON	ORENSTEIN
BAXTER	HELLMUTH	PRESTON
BERMAN	KELLER	ROBERTS
CLOUTIER	MCCLELLAND	SEIDEL
DRACHE	MCEVOY	SEXTON
ENRIGHT	NEGREANU	TOMKO

No. 132 Red...

```
I  I  I  C  D  W  A  R  F  O  G  U  C  K  L
Z  R  S  Z  R  E  P  P  E  P  T  R  O  W  S
Q  A  I  Q  A  O  D  A  T  Q  L  O  I  S  T
Z  R  P  L  S  S  S  N  N  R  B  N  O  B  E
Z  A  L  E  H  A  E  S  A  R  E  E  D  L  P
L  N  U  B  P  L  S  V  R  H  K  L  R  O  R
R  F  P  O  H  U  C  Q  R  A  B  H  A  O  A
A  L  U  L  L  M  C  N  U  E  U  G  C  D  C
O  K  A  N  R  E  O  I  C  I  O  N  M  E  R
I  T  H  A  S  B  U  F  R  P  R  I  M  D  Z
J  H  M  F  T  R  O  A  L  L  R  R  H  T  R
R  G  T  D  D  A  I  V  T  A  A  R  E  F  Y
C  P  A  U  R  X  Z  E  L  N  G  E  F  L  Q
R  A  P  S  U  G  S  Y  S  E  T  H  G  I  L
R  N  G  A  P  W  M  E  A  T  T  B  U  A  D
```

ADMIRAL	CURRANT	LIGHT
ALERT	DEER	MEAT
BLOODED	DWARF	PEPPER
BOOK	EYE	PLANET
CARD	FLAG	SEA
CARPET	HANDED	SQUIRREL
CROSS	HERRING	WINE

135

No. 133 Hindu Deities

R	G	U	C	S	Q	U	R	T	A	I	Q	P	A	R
O	A	C	T	H	R	I	A	I	W	C	E	J	R	C
S	H	E	S	H	A	P	Q	P	T	A	W	S	T	N
B	E	Q	A	B	M	N	G	E	A	A	B	H	Y	U
H	B	U	U	R	O	W	D	D	D	R	N	I	W	S
T	S	E	B	A	S	R	S	R	P	X	V	V	M	M
V	I	E	A	H	A	N	U	M	A	N	E	A	K	N
R	S	N	N	M	A	S	B	A	D	I	T	I	T	R
Y	S	L	G	A	V	U	R	H	D	R	K	B	N	I
A	A	A	U	A	G	A	A	B	I	U	S	G	V	P
L	S	K	R	R	O	H	M	K	H	L	G	F	L	R
R	P	S	Z	T	B	U	A	T	C	A	P	T	B	P
U	N	H	S	I	V	S	N	T	A	O	G	R	L	P
R	I	M	M	M	Z	A	Y	Y	A	P	P	A	D	G
O	A	I	T	A	W	S	A	R	A	S	A	N	A	M

ADITI DHRUVA PARVATI
AGNI GANESH SARASWATI
AHA HANUMAN SHESHA
AYYAPPA LAKSHMI SHIVA
BHAGA MANASA SOMA
BRAHMA MATRIKAS SUBRAMANYA
CHANDRA MITRA VISHNU

No. 134 All About Anatomy

```
R M F L V P O Q R U U S R R E
V G V E I N Y N D T D A S E S
U B L O W V R N E R V E W R X
Y W R A X K E F U H P Y L K O
M O Z Q N Q T R S A N U Q P R
O U I S Y D R E S S O J Y O W
X L S S R C A P I L L A R Y Z
K S G C A P E N T G O R W F R
L G N U L D T T B H C B N B A
P A N C R E A S P I N E L S H
L L U K S A U J E T R T C G T
B U C T R A C H E A C R C D N
O K I D N E Y B K A H E G Y C
N N O D N E T U U N U V V O P
E K P J K L A J F S B V E S L
```

ARTERY	LARYNX	SKULL
BONE	LIVER	SPINE
CAPILLARY	LUNG	TENDON
COLON	MUSCLE	TISSUE
GLAND	NERVE	TRACHEA
INTESTINE	PANCREAS	VEIN
KIDNEY	RIB	VERTEBRA

SOLUTIONS

WORDSEARCH

Solution 1

Solution 2

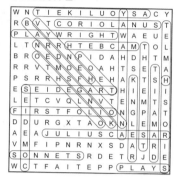

Solution 3

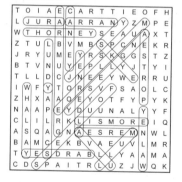

Solution 4

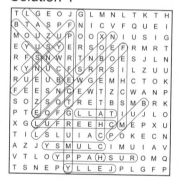

Solution 5

Solution 6

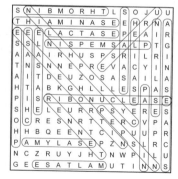

SOLUTIONS

Solution 7

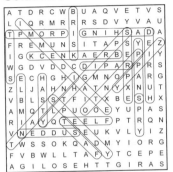

Solution 8

Solution 9

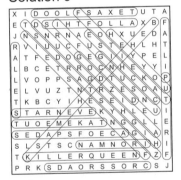

Solution 10

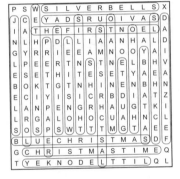

Solution 11

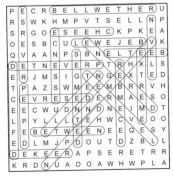

Solution 12

SOLUTIONS

WORDSEARCH

Solution 13

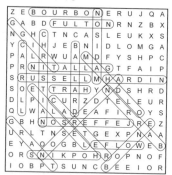

Solution 14

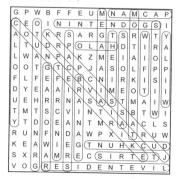

Solution 15

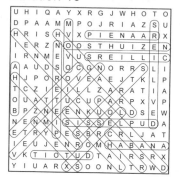

Solution 16

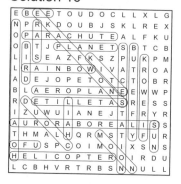

Solution 17

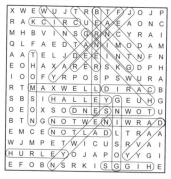

Solution 18

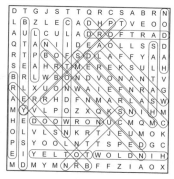

140

SOLUTIONS

Solution 19

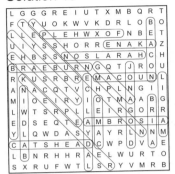

Solution 20

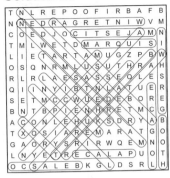

Solution 21

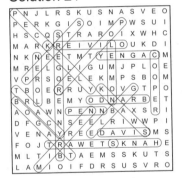

Solution 22

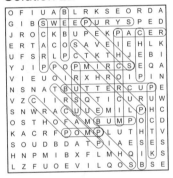

Solution 23

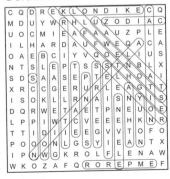

Solution 24

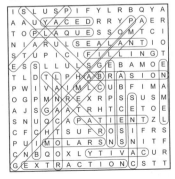

SOLUTIONS

Solution 25

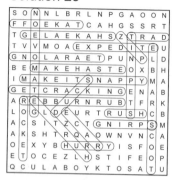

Solution 26

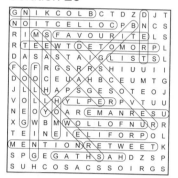

Solution 27

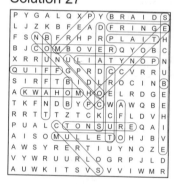

Solution 28

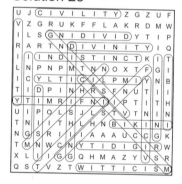

Solution 29

Solution 30

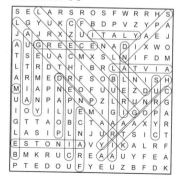

SOLUTIONS

Solution 31

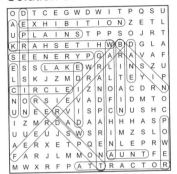

Solution 32

Solution 33

Solution 34

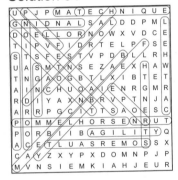

Solution 35

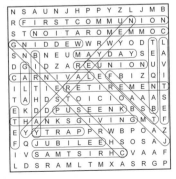

Solution 36

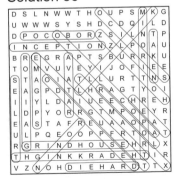

SOLUTIONS

WORDSEARCH

Solution 37

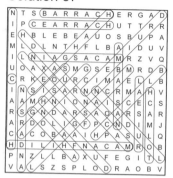

Solution 38

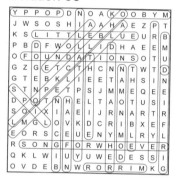

Solution 39

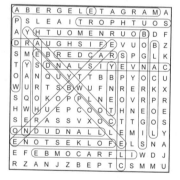

Solution 40

Solution 41

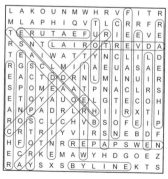

Solution 42

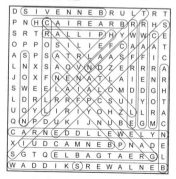

SOLUTIONS

Solution 43

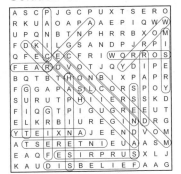

Solution 44

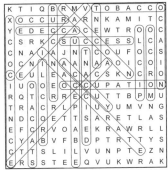

Solution 45

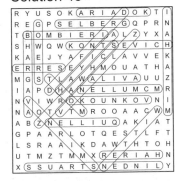

Solution 46

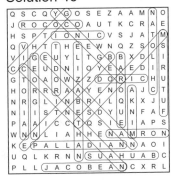

Solution 47

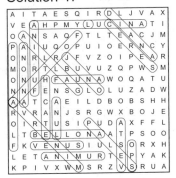

Solution 48

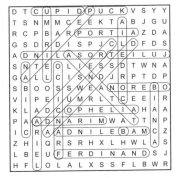

SOLUTIONS

Solution 49

Solution 50

Solution 51

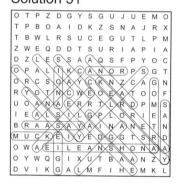

Solution 52

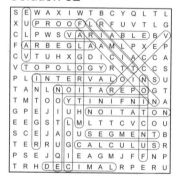

Solution 53

Solution 54

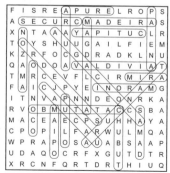

WORDSEARCH

SOLUTIONS

Solution 55

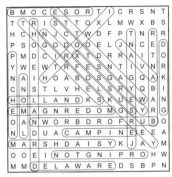

Solution 56

Solution 57

Solution 58

Solution 59

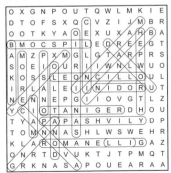

Solution 60

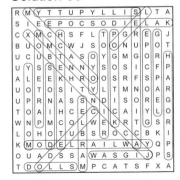

147

SOLUTIONS

Solution 61

Solution 62

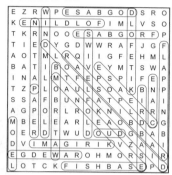

Solution 63

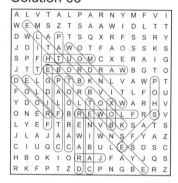

Solution 64

Solution 65

Solution 66

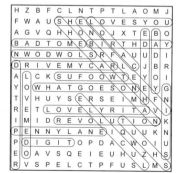

SOLUTIONS

Solution 67

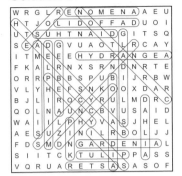

Solution 68

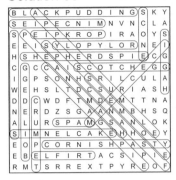

Solution 69

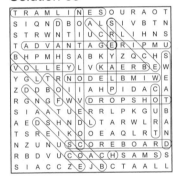

Solution 70

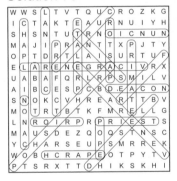

Solution 71

Solution 72

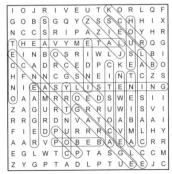

SOLUTIONS

Solution 73

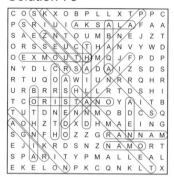

Solution 74

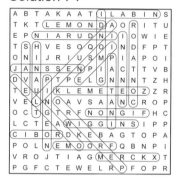

Solution 75

Solution 76

Solution 77

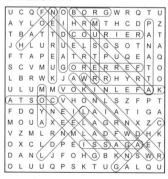

Solution 78

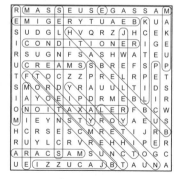

SOLUTIONS

Solution 79

Solution 80

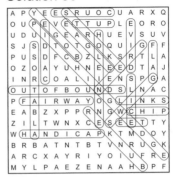

Solution 81

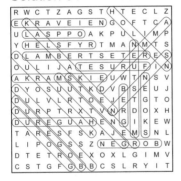

Solution 82

Solution 83

Solution 84

SOLUTIONS

WORDSEARCH

Solution 85

Solution 86

Solution 87

Solution 88
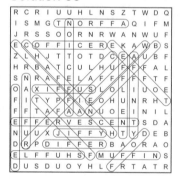

Solution 89

Solution 90
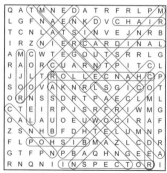

SOLUTIONS

Solution 91

Solution 92

Solution 93

Solution 94

Solution 95

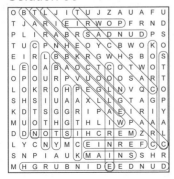

Solution 96

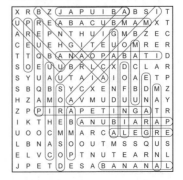

SOLUTIONS

Solution 97

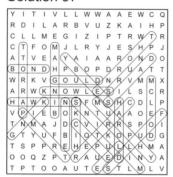

Solution 98

Solution 99

Solution 100

Solution 101

Solution 102

SOLUTIONS

Solution 103

Solution 104

Solution 105

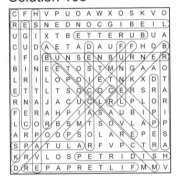

Solution 106

Solution 107

Solution 108

SOLUTIONS

Solution 109

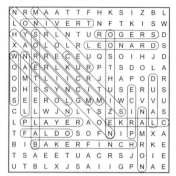

Solution 110

Solution 111

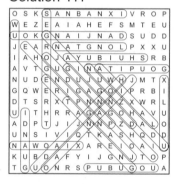

Solution 112

Solution 113

Solution 114

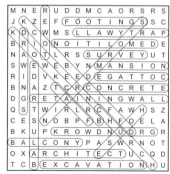

SOLUTIONS

Solution 115

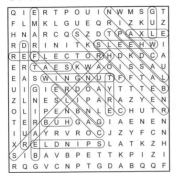

Solution 116

Solution 117

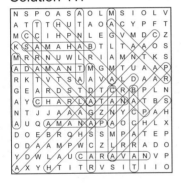

Solution 118

Solution 119

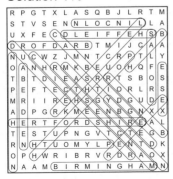

Solution 120

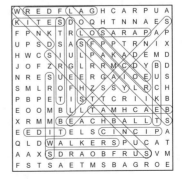

WORDSEARCH

SOLUTIONS

Solution 121

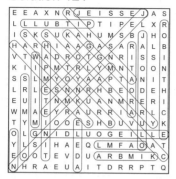

Solution 122

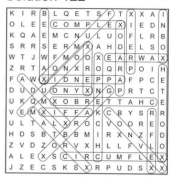

Solution 123

Solution 124

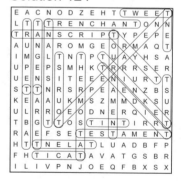

Solution 125

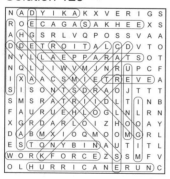

Solution 126

SOLUTIONS

Solution 127

Solution 128

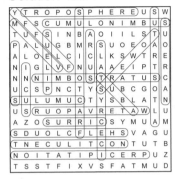

Solution 129

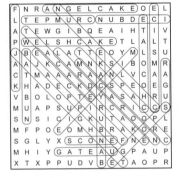

Solution 130

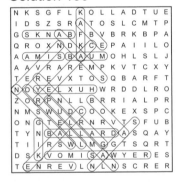

Solution 131

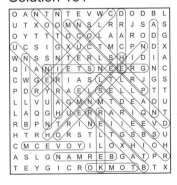

Solution 132

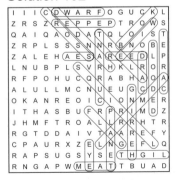

WORDSEARCH

SOLUTIONS

Solution 133

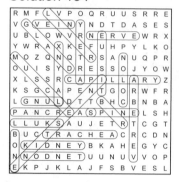

```
R  G  U  C  S  Q  U  R  T  A  I  Q  P  A  R
O  A  C  T  H  R  I  A  I  W  C  E  J  R  C
S  H  E  S  H  A  P  Q  P  T  A  W  S  T  N
B  E  Q  A  B  M  N  G  E  A  A  B  H  Y  U
H  B  U  U  R  O  W  D  D  R  N  I  W  S
T  S  E  B  A  S  R  S  R  P  X  V  V  M  M
V  I  E  A  H  A  N  U  M  A  N  E  A  K  N
R  S  N  N  M  A  S  B  A  D  I  T  I  T  R
Y  S  L  G  A  V  U  R  H  D  R  K  B  N  I
A  A  A  U  A  G  A  A  B  I  U  S  G  V  P
L  S  K  R  R  O  H  M  K  H  L  G  F  L  R
R  P  S  Z  T  B  U  A  T  C  A  P  T  B  P
U  N  H  S  I  V  S  N  T  A  O  G  R  L  P
R  I  M  M  M  Z  A  Y  Y  A  P  P  A  D  G
O  A  I  T  A  W  S  A  R  A  S  A  N  A  M
```

Solution 134

```
R  M  F  L  V  P  O  Q  R  U  U  S  R  R  E
V  G  V  E  I  N  Y  N  D  T  D  A  S  E  S
U  B  L  O  W  V  R  N  E  R  V  E  W  R  X
Y  W  R  A  X  K  E  F  U  H  P  Y  L  K  O
M  O  Z  Q  N  Q  T  R  S  A  N  U  Q  P  R
O  U  I  S  Y  D  R  E  S  S  O  J  Y  O  W
X  L  S  S  R  C  A  P  I  L  L  A  R  Y  Z
K  S  G  C  A  P  E  N  T  G  O  R  W  F  R
L  G  N  U  L  D  T  T  B  H  C  B  N  B  A
P  A  N  C  R  E  A  S  P  I  N  E  L  S  H
L  L  U  K  S  A  U  J  E  T  R  T  C  G  T
B  U  C  T  R  A  C  H  E  A  C  R  C  D  N
O  K  I  D  N  E  Y  B  K  A  H  E  G  Y  C
N  N  O  D  N  E  T  U  U  N  U  V  V  O  P
E  K  P  J  K  L  A  J  F  S  B  V  E  S  L
```